CHUANGXIN WANGLUO DUI
CHUANGXIN JIXIAO DE YINGXIANG YANJIU

创新网络
对创新绩效的
影响研究

孙爱丽／著

中国财经出版传媒集团

经济科学出版社
Economic Science Press

图书在版编目（CIP）数据

创新网络对创新绩效的影响研究/孙爱丽著．—北京：
经济科学出版社，2019.9
ISBN 978-7-5218-0872-8

Ⅰ.①创…　Ⅱ.①孙…　Ⅲ.①高技术企业-
企业创新-研究　Ⅳ.①F276.44

中国版本图书馆 CIP 数据核字（2019）第 202492 号

责任编辑：刘　丽
责任校对：齐　杰
责任印制：邱　天

创新网络对创新绩效的影响研究

孙爱丽　著

经济科学出版社出版、发行　新华书店经销
社址：北京市海淀区阜成路甲 28 号　邮编：100142
总编部电话：010-88191217　发行部电话：010-88191522
网址：www.esp.com.cn
电子邮件：esp@esp.com.cn
天猫网店：经济科学出版社旗舰店
网址：http://jjkxcbs.tmall.com
北京季蜂印刷有限公司印装
710×1000　16 开　13.25 印张　240000 字
2019 年 9 月第 1 版　2019 年 9 月第 1 次印刷
ISBN 978-7-5218-0872-8　定价：68.00 元

前言

随着经济和社会的不断发展，企业在市场竞争中的外部环境不断变化，企业自身的竞争优势也在不断转化。在这种形势下，企业若想维持自身的竞争优势则需要不断地吸收外部知识，并实现内部知识的吸收和转化，从而提升创新能力。随着全球化进程的不断推进，企业已经无法通过单独创新来实现竞争优势的有利发展，网络化的合作环境和合作模式使得企业越来越倾向于通过网络合作实现创新，通过与外部网络的互动才能更有效地推动创新。目前大部分创新仍处于产业链的低端，不利于企业整体创新能力的提高以及实现创新转型升级的目标，所以在目前的大环境下企业如何利用其所存在的创新网络有效地实现智力资本的提升，最终推动企业突破性技术创新绩效的提高，这是实现高新技术企业创新转型升级需要解决的重要战略问题。

本书以上海市高新技术企业作为实证样本，遵循"提出问题—分析问题—解决问题"的思路，紧密围绕"创新网络如何影响突破性技术创新绩效"的主题，综合运用文献分析法、问卷调查法和层次回归分析法，结合 AMOS 和 R 等统计软件，建立"创新网络—智力资本—突破性技术创新绩效"的研究框架，具体解决了以下三个问题：①高新技术企业创新网络与突破性技术创新绩效有什么关系？②高新技术企业创新网络如何作用于突破性技术创新绩效？③环境的不确定性和吸收能力的不同会对创新网络和突破性技术创新绩效二者之间的影响机制产生何种影响？

通过分析，得出以下主要结论。

（1）创新网络对突破性技术创新绩效有正向影响。通过实证研究得出创新网络对突破性技术创新绩效具有正向影响。其中创新网络的结构嵌入（网络规模、网络密度和网络中心性）维度和关系嵌入（关系强度、关系稳定性和互惠性）维度均对突破性技术创新绩效产生正向影响。网络的规模越大，网络的参与者之间建立的联系越广泛，越有利于企业获取所需的信息、知识和技术。网络密度越大，网络的参与者之间合作越密切。企业在网络中所处的位置越高，则越有利于获取创新所需的资源和能力，从而产生更多突破性技术创新绩效。

（2）创新网络通过智力资本对突破性技术创新绩效产生作用。构建的创新网络对突破性技术创新绩效的影响机制的理论模型通过结构方程，运用上海市高新技术企业得以验证，得出以下结论：网络规模对关系资本和结构资本具有正向影响、网络中心性对智力资本具有正向影响、网络密度对结构资本具有正向影响、关系强度对关系资本具有正向影响、关系稳定性对关系资本和结构资本具有正向影响、互惠性对关系资本和结构资本具有正向影响、关系资本对突破性技术创新绩效具有正向影响、结构资本和人力资本对突破性技术创新绩效的影响呈倒"U"型。通过该研究结果说明了高新技术企业创新网络能够产生智力资本，而且智力资本对突破性技术创新绩效有积极影响，其中结构资本和人力资本对突破性技术创新绩效的正向影响会有一个临界点，企业需要结合自身情况选择适合自身发展的智力资本结构。

（3）环境不确定性和吸收能力在创新网络对智力资本的影响机制中起着重要调节作用。随着高新技术企业的不断发展，网络的不断动态化和复杂化及其所具有的特性使得高新技术企业认识到情景因素对其突破性技术创新绩效所具有的重要影响。本书引入环境不确定性和吸收能力两大情景因素，通过实证研究发现环境不确定性在网络中心性和人力资本之间具有调节效应和吸收能力，在关系稳定性和结构资本之间具有调节效应。这说明环境的不确定性越高，网络中心性对人力资本作用会越来明显；但是吸收能力越强，关系稳定性对结构资本的作用则会越来越明显。

目 录

第1章 绪 论

1.1 研究背景

1.1.1 现实背景

1. 合作创新是企业发展的必然选择

随着经济的发展和社会的不断进步，企业的创新路径从最开始的企业内部创新逐步演变为如今的企业合作创新。激烈的竞争使得创新的成本提高、时间缩短，企业很难通过自我创新来维持其竞争优势。在全球化速度不断加快的今天，国际分工的不断细化使得价值链不断被细分，竞争与合作成为企业发展过程中的关键词，随着集群发展不断嵌入到全球创新网络中，国际分工会加快知识的产生和扩散进而推动创新的产生。在该过程中我国高新技术企业也在不断地加入全球创新网络中，提升自身在全球产业链中的地位，摆脱处于产业链低端的状况，在这种背景下，即使企业实力很强能够保障其在某一领域一直处于领先地位，但也无法保障其自身发展所需领域的所有技术都处于领先地位，所以合作创新是企业发展的必然选择。

2. 突破性技术创新是企业创新转型的关键

随着全球化进程的不断推进，企业已经无法通过自身单独创新实现竞争优势的有利发展，网络化的合作环境和合作模式使得企业越来越倾向于网络合作实现创新，通过与外部网络的互动才能更有效地推动创新，而且创新的速度也在不断加快，渐进性创新已经无法满足企业转型升级的需求，突破性技术创新是企业创新中较深层次的创新。随着创新的不断深入，突破性技术创新在企业竞争过程中起到的作用越来越突出，其所受关注的程度越来越高，要想打破企业处于产业链低端的状况，突破性技术创新是企业创新转型的关键。

3. 高新技术产业发展的重要性

高新技术企业是提升自主创新能力和自主创新水平的重要主体。国家为推进高新技术产业的发展给予其许多优惠政策，并在"十三五"规划中重点说明其重要性。目前国家级自主创新示范区已近 150 个，其中示范区内聚集的主要企业，如新能源、新材料、生物医药、精密机器制造等均属于高新技术产业范畴。

1.1.2 理论背景

全球化进程的加剧及全球创新网络的不断扩展，越来越多的企业开始嵌入到全球网络中去，相应的理论也随着实践不断发展并指导实践。

1. 资源基础观向能力基础观转变

企业竞争优势的内生能力的不同观点衍生出两种理论，即资源基础观和能力基础观。二者之间一直成为学者争论的焦点，有的学者认可企业资源基础理论，有的学者则批判企业资源基础理论，更热衷于对企业能力基础理论的研究，但是随着研究的不断深入，也开始有学者不断寻找二者的统一和不断深化。企业资源基础理论开始逐步形成企业社会资本理论，企业能力基础理论开始演化为企业动态能力理论。

随着对企业竞争的逻辑转变，研究也从外生理论向内生理论转变，但是本质上都是对企业资源的研究。资源和能力二者是不可分离的，企业只有对自身所具有资源有一个清晰的认知，并能够有效地利用自身的资源，发挥自己异质性的资源才能够维持企业在市场竞争中立于不败之地。例如蒂斯（Teece，2014）[1] 认为企业的能力达到提高绩效目的的前提是获取企业资源。赫法特（Helfat，2015）[2] 的研究表明了企业吸收能力和企业知识之间的关系。邱昭良（2010）[3] 的观点称企业的发展和成长是在不断协同整合内外部资源并能够不断适应企业内外部环境的变化所实现的。董保宝等（2011）[4] 将企业资源基础理论和企业能力基础理论二者在一个模型中进行研究，实现了对二者探究的一个发展。曹红军等

（2011）[5]探讨了企业资源和能力二者的交互作用对绩效的影响，说明了企业资源异质性和企业能力的重要作用，并说明了企业能力的关键效应。

能力基础观让更多学者对企业的动态能力产生兴趣进而研究合作创新网络的结构及其演化对创新绩效的影响、创新网络对智力资本的影响、智力资本对创新绩效的影响等，并对创新能力进行分析，从渐进性创新的研究逐步转向突破性创新的研究。

2. 开放式创新理论的深入研究和广泛应用

开放式创新理论是在技术创新的基础上，随着经济的发展而提出来的。我国关于开放式创新的研究起步于 21 世纪初期，其中的代表人物是杨平等（2001）[6]及朱志松和刘明（2001）[7]等对我国开放式创新实验室的研究。随后国内学者开始逐步认识到封闭式创新和开放式创新的区别，开始研究开放式创新对企业竞争优势的影响。

开放式创新能力的提出，企业认识到合作创新才是企业取得竞争优势的有利条件，各行业的领头企业开始强强联合，建立联盟或者虚拟组织，通过合作研发技术等方式提升企业的创新能力并加快创新的产生和创新的流动。在此基础上合作创新网络的研究得到了越来越多学者的重视，例如斯托珀和维纳布尔斯（Storper & Venables，2004）[8]认为政府、金融机构和中介机构在创新网络中的主要作用是为创新的产生、发展及传播提供一个良好的氛围，培育优良的创新主体，促进创新在不同主体间的流动。巴兰（Balland，2012）[9]通过对全球导航系统的相关研究，发现其类似于一个协同创新网络的形成和演化过程。陈强和刘笑（2016）[10]利用四维分析法基于上海市高校的论文合作创新网络的形成进行研究，发现上海高校的创新合作已经从区域内合作向区域外合作转变。魏旭和张艳（2006）[11]通过知识分工理论对创新网络演化及知识的流动和企业自身的创造能力进行分析。蒋同明和刘世庆（2011）[12]在自组织理论的基础上对创新网络的演化进行分析，区域创新网络的自组织体现在网络参与者及其所处的环境。同时合作创新网络的创新绩效成了研究的热点，克利夫顿（Clifton，2010）[13]分析了一系列行为体在中小企业创新创造和传播框架中的贡献，审了各机构在其中的作用，探索了跨地区网络的贡献，并确定了实施这一框架所需的机制。他采用双变量和多元（回归）技术来调查与这些结构有关的创新和增长结果，通过对英国450 多家中小企业的调研发现创新绩效取决于相关机构的性质、所寻求的知识类型以及联系的空间层次，但总体上突出了跨地区网络、网络治理结构以及大学的某些溢出效应的价值。关（Guan，2015）[14]探讨了多层次网络对创新的影响。他以美国专利商标局（United States Patent and Trademark Office，USPTO）数据库替代能源领域的41007项专利为样本，构建了城市和国家层面的发明者合作网络，得出结论：城市的中心性和结构性空洞高，城市中心性和结构性空洞对创新绩效的正向作用增强，城市聚集系数的负效应减弱。刘学元（2016）[15]通过对中国278家制造业进行实证分析，证明了创新网络关系强度和企业吸收能力对创新网络创新绩效的正向影响。

1.2 研究问题的提出和研究意义

1.2.1 研究问题的提出

随着全球化进程的加快，企业在竞争中的外部环境发生急剧变化。越来越多的企业通过创新网络，实现智力资本的提升，从而实现企业的突破性技术创新绩效。

以上海市高新技术企业作为实证样本，建立"创新网络—智力资本—突破性技术创新绩效"的研究框架。

通过以下三个逻辑严密的子问题解决高新技术企业创新网络对突破性技术创新绩效的影响问题。

1. 高新技术企业创新网络与突破性技术创新绩效的关系

关于高新技术企业创新网络对创新绩效的关系研究较多，大部分研究都认为高新技术企业创新网络对创新绩效具有正向影响，选取测量指标进行分析。但是关于高新技术企业创新网络与突破性技术创新绩效的关系的实证研究远远少于其理论研究，二者之间的关系如何是揭开"黑箱"的第一步。

2. 高新技术企业创新网络如何作用于突破性技术创新绩效

为了进一步深入地研究高新技术企业创新网络对突破性技术创新绩效的影响，需要明晰高新技术企业创新网络对突破性技术创新绩效的影响机制。现有的研究多是直接建立二者之间的联系，而且是理论研究的形式，缺少实证依据，本研究将引入智力资本中介变量，研究高新技术企业创新网络如何通过智力资本对突破性技术创新绩效产生影响，构建理论模型的同时还通过实证分析来修正和验证模型。

3. 环境的不确定性和吸收能力的不同会对二者之间的影响机制产生何种影响

企业是社会的企业，其无法脱离赖以生存的大环境，自然而然就无法摆脱情景因素对高新技术企业创新网络和突破性技术创新绩效的影响。本书引入环境不确定性和吸收能力两个情景因素，更加清晰地呈现出高新技术企业创新网络对突破性技术创新绩效的影响机制的作用边界和条件，并进行实证分析，使得研究结果更具有说服力。

1.2.2　研究意义

1. 研究的理论意义

首先，已有研究对突破性技术创新绩效的定义尚未统一，而且测量指标有待进一步完善，本研究通过对突破性技术创新绩效概念的界定及测量指标的提出和分析有利于后续学者对突破性技术创新绩效的研究。其次，现有关于高新技术企业创新网络和突破性技术创新绩效之间的关系研究较少，本书可以为二者之间关系研究提供方法。最后，高新技术企业创新网络和突破性技术创新绩效之间研究缺乏深入和实证分析，本书引入智力资本对二者之间的影响机制进行细化，有利于进一步揭示二者之间的作用机制，同时丰富了该领域的实证研究。

2. 研究的现实意义

现今对突破性技术创新绩效的重视度越来越高，但是相关的研究较少，缺乏实践指导。从宏观层面来讲，该研究有利于相关的政府部门根据高新技术企业特征，结合创新网络对突破性技术创新绩效的作用机制，采取有针对性的措施，从而有利于政策制定更能符合现实的需求；从微观层面来讲，该研究有利于高新技术企业对自己的创新网络及其重要性有一个很好的认知，能够加强对网络能力和智力资本的重视程度，从而为企业提高突破性技术创新绩效提供思路和方法指导。

1.3 研究思路和研究方法

1.3.1 研究思路

本书首先在资源基础理论和能力基础理论、智力资本理论、技术创新理论和开放式创新理论的基础上对高新技术企业创新网络、突破性技术创新绩效、智力资本等概念进行界定。运用文献分析法对已有研究进行梳理和分析，从而提出本书的研究问题：高新技术企业创新网络对突破性技术创新绩效的影响，并从两个方面展开研究。其次对第一个方面运用问卷调查和结构方程模型，引入智力资本作为中介变量进行分析研究高新技术企业创新网络对突破性技术创新绩效的影响机制。再次对第二个方面展开研究，运用层次回归和结构方程模型方法，引入环境不确定性和吸收能力作为调节变量研究在环境不确定性和吸收能力增强或减弱时，高新技术企业创新网络对智力资本的影响机制会产生哪种变化，从而验证其调节效应。最后在此基础上得出本书的主要研究结论、主要创新点及管理启示和研究的局限性及未来展望。

本书的研究思路如图 1.1 所示。

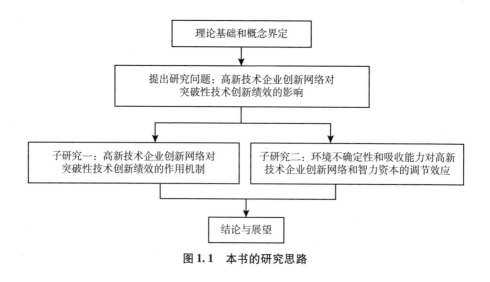

图 1.1　本书的研究思路

1.3.2　研究方法

基于本书的研究思路可以发现本研究主要解决一个大问题，并将这个大问题分为两个小问题加以解决。在该过程中会用到文献分析法、问卷调查法、结构方程模型和层次回归法。

1. 文献分析法

文献分析是对已有的研究按照自己研究的主体进行收集、梳理和分析，最后提出研究问题。通过文献分析法可以避免重复工作，使得研究结果更具有理论和现实意义。本书的第1章　理论背景、第2章　相关文献综述、第3章　理论模型的构建及假设的提出会运用文献分析法。

2. 问卷调查法

问卷调查法是一种获取研究数据比较常用的一种方法。通过问卷的测量题项的设计及修正、问卷的发放和回收，整个过程都有成熟的理论和程序给予支撑。本书的数据获取主要通过问卷调查法，从上海2014年的1041家高新技术企业中采取概率抽样中的简单随机抽样策略，抽取400家企业发放问卷，最终获得273个有效样本，其中选取65个样本做预调研，修正模型后选取208个样本进行实证分析。

3. 结构方程模型

结构方程模型是针对多个自变量和多个因变量进行统计分析所常用的一种建模方法。本书对高新技术企业创新网络对突破性技术创新绩效的影响机制的研究主要是通过结构方程模型来完成，通过探索性因子分析和验证性因子分析对模型进行修正得出本书所要验证的模型，这为实证分析奠定了基础并提供了有效的验证方法。

4. 层次回归法

层次回归法是大样本分析所常用的一种方法，能够有效地反映自变量和因变量之间的关系并说明各自的影响程度。本书在验证环境不确定性和吸收能力对高新技术企业创新网络和智力资本之间的调节效应时使用了层次回归法。

1.4 研究内容与技术路线

1.4.1 研究内容

本书主要研究高新技术企业创新网络对突破性技术创新绩效的影响，该问题通过两个小问题得以解决：首先是高新技术企业创新网络对突破性技术创新绩效的影响机制，其次是环境不确定性和吸收能力对高新技术企业创新网络和智力资本之间的调节效应。本书共分为七个部分，具体包括以下研究内容。

第1章 绪论。主要包含研究背景、研究问题的提出、研究意义、研究思路、研究方法、研究内容及技术路线图。研究背景从现实背景和理论背景两方面展开，包括合作创新是企业发展的必然选择、突破性技术创新是企业创新转型的关键和高新技术产业发展的重要性三个方面；研究问题是在研究背景的基础上提出的；研究意义从理论意义和现实意义两方面阐述；研究内容和技术路线图分别运用文字和图示的形式表现了本书的研究概述。

第2章 文献综述及相关理论。主要包括四个方面的内容，首先是研究的理论基础，对资源基础理论和能力基础理论、智力资本理论、技术创新理论和开放式创新理论三个方面展开分析说明本书的主要理论基础；其次是相关概念的界定，对高新技术企业创新网络和突破性技术创新绩效的概念进行界定；再次是对研究所涉及的国内外文献进行梳理和分析，从创新网络、智力资本和突破性技术创新三个方面展开。最后提出现有研究的不足及本书的主要研究内容。

第3章 影响机制与调节效应理论分析及研究假设。主要包括四个方面的内容：首先是创新网络对突破性技术创新绩效的影响机制，从影响机制的理论框架、突破性技术创新绩效、创新网络、智力资本和控制变量的构念及测量维度展开研究；其次是提出影响机制的相关研究假设，主要包括创新网络与突破性技术创新绩效、智力资本与突破性技术创新绩效及创新网络与智力资本；再次是对环境不确定性和吸收能力的调节效应的理论进行分析，涵盖了环境不确定性和吸收能力的相关研究及构念的测量；最后提出环境不确定性和吸收能力对高新技术企业创新网络和智力资本之间的调节效应假设。

第 4 章 研究方法设计。主要包括了两个方面的内容：首先是研究方法要点分析，包括抽样策略、非抽样误差、缺失值与离群值的处理、非正态分布问题的处理；其次是本书研究方法设计，涵盖了题项收集与问卷设计、抽样框及抽样设计、量表因子分析策略、建模策略与自助评估法估计；最后是研究方法及关键技术总结。

第 5 章 创新网络对突破性技术创新绩效影响机制的实证研究。主要包括了四个方面的内容：首先是样本企业特征和数据预处理；其次是各量表的探索性因子分析，包括结构嵌入、关系嵌入、智力资本和突破性技术创新绩效四个量表；再次是各量表验证性因子分析，同样包括结构嵌入、关系嵌入、智力资本和突破性技术创新绩效四个量表；最后对验证性因子分析的要点及检验内容进行阐述。

第 6 章 环境不确定性和吸收能力的调节效应实证。主要包括三个方面内容：首先是环境不确定性和吸收能力两个量表的探索性因子分析；其次是环境不确定性和吸收能力两个量表的验证性因子分析；最后对其进行层次回归从而验证环境不确定性和吸收能力的调节效应。

第 7 章 研究结论与展望。在前面章节研究的基础上提出本书的主要研究结论、主要创新点及管理启示和研究的局限性及对未来的展望。

1.4.2 技术路线

在研究内容的基础上，本书的章节结构及技术路线如图 1.2 所示。

1.5 本章小结

本章主要对研究所涉及的研究背景、研究问题和研究意义，研究方法、研究内容以及技术路线图进行阐述，为后续的研究打下基础。

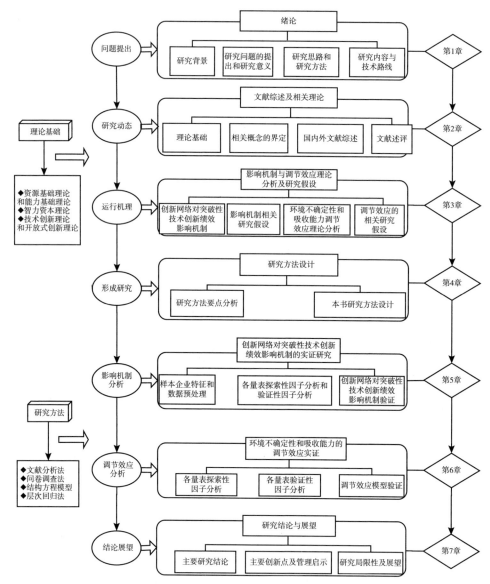

图 1.2　本书的章节结构及技术路线

第2章 文献综述及相关理论

2.1 理论基础

2.1.1 资源基础理论和能力基础理论

企业的资源基础理论和能力基础理论是企业竞争优势内生理论中的两个重要理论，对于企业竞争优势的内生能力的不同观点衍生出这两种理论，所以二者一直成为学者争论的焦点，有的学者认可企业资源基础理论，有的学者则批判企业资源基础理论，更热衷于对企业能力基础理论的研究。随着研究的不断深入，也开始有学者不断寻找二者的统一和不断深化。企业资源基础理论开始逐步形成企业社会资本理论，企业能力基础理论开始演化为企业动态能力理论。

1. 资源基础理论

资源基础理论的发展已经有半个世纪以上的历史，最初形成于20世纪80年代，该理论认为企业本身就是一个资源的集聚，其竞争优势主要来自企业所拥有或控制的不同于其他同行业或者竞争对手的资源。在该理论出现之前，彭罗斯（Penrose，1959）[16] 最先提出资源的概念，在其著作 *Theory of the Growth of the Firm* 中认为企业就是资源的集聚，并将资源侧重定义为生产性资源，涵盖了企业运营过程中所需要的物质及人力资源。鲁宾（Rubin，1973）[17] 在资源基础理论提出前也承袭了彭罗斯的思想，认为企业是资源的集聚。

随着研究的深入，沃纳菲尔特（Wemerfelt，1984）[18] 在其论文 *A resource-based view of the firm* 中首次提出了资源观，其认为企业战略的基础是资源，企业能够长期维持自身的竞争优势得益于自身资源和知识的累积。紧随其后巴尼（Barney，1986）[19]认为资源观的关键是企业在使用该资源的过程中所获取到的收益，该部分的收益主要得益于对资源的有效利用，并将资源扩展到除了物质和人力资源以外的企业能力、企业的组织和特性等无形的资源。

巴尼（Barney，1991）[20]在其论文 *Firm resources and sustained competitive advantage* 中建立了企业维持持续竞争优势的资源模型，该模型假设企业间战略资源的异质性及该异质性稳定。同时贝特罗夫（Peteraf，1993）[21]在资源基础理论的基础上发表 *The cornerstones of competitive advantage：A resource-based view*。

在2000年前较多学者对资源基础理论的研究主要集中在静态分析，对其动态能力的分析尚未涉及。在2000年之后开始有学者关注并对其所具有动态能力进行分析，例如汉森（Hansen，2004）[22]不断强调了企业自身所具有资源的重要性，也探讨了如何运用自身资源的重要性。色蒙（Sirmon，2007）[23]通过构建资源管理体系和资源编排流程对资源的整理进行动态研究。色蒙（2010）[24]在自己已有研究的基础上提出了资源编排理论，对资源基础理论的进一步发展作出了巨大贡献。

2. 能力基础理论

在20世纪90年代之后，核心能力的概念不断被提出并开始被认为是企业维持持久竞争力和成长的关键，例如伦纳德·巴顿（Leonard Barton，1992）[25]认为核心能力是知识的集合，其能够让企业在激烈的市场竞争中保持自我特色和优势。能力基础理论是在资源基础理论发展过程中出现的理论，资源基础理论较多的研究仍然是侧重于对企业资源的静态分析，这导致一些学者开始对资源基础理论提出质疑，例如艾森哈特（Eisenhardt，2000）[26]和巴尼（Barney，2001）[27]。

施蒂格勒（Stigler，1983）[28]在其著作 *The organisation of industry* 中提出了"企业能力"，并对能力进行具体的解释，例如企业的知识、技术等。其中普拉哈拉德和哈姆（Prahalad & Hame，1990）[29]在其文章 *The core competence of the corporation* 中奠定了"核心能力"在企业发展中的理论和实践地位。

能力基础理论的快速发展在20世纪90年代初期，因为资源基础理论提出的保持企业持续竞争优势的资源具有稀缺性、难以模仿和难以替代及有价值的特性，但是在不断变化的市场中这种资源是很难获取的，而且想持续维持下去也具有一定的难实现性，所以转而探讨如何在变化莫测的市场中捕获并维持该种资源成为研究的热点，基于此提出了能力基础理论，该理论侧重于对资源的开发过程的研究。

能力基础理论认为企业也是一个集合，但是是能力的集聚，其决定企业的竞争地位及业绩好坏，具有代表性的能力基础观主要有两种：①核心能力观。代表学者是普拉哈拉德和哈姆（1990）。普拉哈拉德和哈姆（1990）在其著作 *The core competence of the corporation* 中提出了这一概念并阐述了该概念的重要性。随后不断有学者开始着力于对核心能力的研究。主要侧重于对生产和经营中能力的研究，认为核心能力主要体现在生产和经营环节。②整体能力观。代表学者是斯塔克、埃文斯和舒尔曼（Stalk，Evans & Shulman）[30]，其认为企业的能力不仅仅体现在生产和经营环节，而是体现在组织运行过程中的很多方面，例如组织技能、知识和技术等。前者侧重于企业生产经营中某一环节的优势，而后者则侧重于对企业整体优势的一个分析，总体而言能力基础理论均是对企业内部开发和运用资源过程中所具有的能力的研究。

随着研究的深入，近些年学者们对能力基础理论的研究越来越多，该理论说明了创新的重要性，体现了企业若想在不断变化的市场环境下维持自身的竞争优势，则需要不断地创新。能力基础理论不但重视对内部资源的整合，而且还重视对外部资源的获取和整合，并强调内外部环境的协调及动态匹配。

3. 资源基础理论和能力基础理论的结合

虽然从资源基础理论和能力基础理论的发展过程中我们可以发现二者之间是矛盾的，但是二者又是对立统一的，只是对企业竞争的逻辑转变，从外生理论向内生理论转变，本质上都是对企业资源的研究。资源和能力二者是不可分离的，企业只有对自身所具有资源有一个清晰的认知并能够有效地利用自身的资源，发挥自己异质性的资源才能够维持企业在市场竞争中立于不败之地，具体如图 2.1 所示。

从图 2.1 可以看出，二者相比较，能力基础理论较资源基础理论更能反映市场的动态发展，体现企业对环境的适应性、持久竞争力和企业长期绩效，同时能力基础理论是在资源基础理论的基础上发展而来的。

进一步研究可以发现企业资源基础理论和能力基础理论的发展不断加深了学者对该理论的深入，提出了企业知识基础理论、企业社会资本和企业动态能力等理论。对二者的不断探讨带来了理论的螺旋式发展，并不断产生新的理论，从图 2.2 可以看出企业资源基础理论和企业能力基础理论在企业竞争优势内生论的基础上不断发展演化出新的理论，这些理论均和企业的持续竞争力紧密相关。

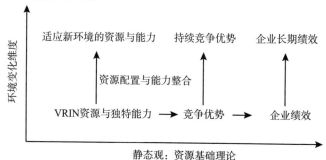

图 2.1　资源基础理论和能力基础理论之间的关系

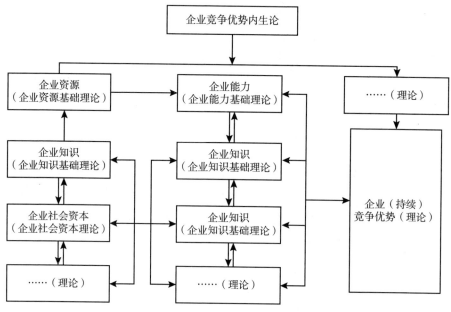

图 2.2　资源基础理论和能力基础理论的演化

　　国内外学者从不同角度的研究说明了企业资源基础理论和企业能力基础理论二者之间相继而生的关系，研究了二者之间的关系对企业绩效的不同作用效果，从而对二者进行分析。

　　本书结合企业资源基础理论和企业能力基础理论，研究高新技术企业创新网络在快速发展的环境下如何基于自身资源，充分发挥资源整合能力，进而提高突破性技术创新绩效。

2.1.2 智力资本理论

智力资本和企业创新息息相关，是研究开始重视企业的无形资产后慢慢发展起来的理论。企业的长远发展和成长离不开智力资本的整合与发展，这为企业的创新提供了源泉，为企业的成功打下坚实的基础。随着全球化的发展，企业的竞争也日益激烈，对智力资本的重视也达到了空前程度，其为分析企业的优势竞争力提供了一个新的方向。

1. 智力资本的内涵

虽然关于智力资本的研究可以追溯到 20 世纪 80 年代，并且研究成果丰厚，但是由于智力资本的起源及自身的特征，涵盖的体量比较大，所以目前学者们关于智力资本的定义尚未统一。不同学者根据自己的研究背景和研究内容对智力资本产生了不同的理解，如赛内尔（Senior，1836）[31]从人类社会的层面对智力资本进行定义，认为其是对个人知识、经验、技能等的集合。加尔布雷斯（Galbraith，1969）[32]在 20 世纪 50 年代首次提出了智力资本的概念，他认为智力资本在不同的环境条件下其内容是不一样的，没有统一的形式。

国内外学者对智力资本的定义大致可以分为三个方面。

第一方面是从智力资本自身的特性来说，认为智力资本是对企业无形资产的整合。例如斯图尔特（Stewart，1991）[33]认为智力资本作为一种资源可以为企业知识和财富的产生创造条件，并且斯图尔特（1998）[34]的研究中认为智力资本指的是企业中的成员都能感知到并能够让企业在残酷的竞争中保持优势的能力的总和，这是关于智力资本最早的定义。布鲁克林（Brooking，1996）[35]的研究表明智力资本是企业运行过程中所有无形支持的集合。斯威比（Sveiby，1997）[36]也指出企业的智力资本是企业无形资产的一部分，而且特指以知识为基础。李平（2006）[37]认为企业的智力资本是企业所具有的一种能力，该能力可以将企业所拥有或控制的资源转化为企业的一种竞争优势，帮助企业在角逐中获得优势，而且该能力更多的是以知识呈现出来的。李海洪和王博（2010）[38]认为衡量知识和能力是否可以称为智力资本的标准是其能否为企业创造价值。这些观点有利于体现企业的创新能力和知识创造能力，对企业的长期发展起到促进作用，但是无法体现智力资本的财务作用。

第二方面是从财务的角度对智力资本进行定义，将公司的账面价值和公允价值之间的差额称为智力资本。例如埃德文森和绥利万（Edvinsson & Suilivan，1996）[39]认为公司的账面价值和公允价值之间的差额说明了财务报表所无法反映的无形资产的价值，即为智力资本。除此以外还有邦蒂斯（Bontis，1996）[40]、林晓珩等（2015）[41]、袁丽（2000）[42]、睢利利和王伟（2010）[43]等。该观点从财务上对智力资本进行定义，使得智力资本的可操作性较强，而且能够反映企业的价值，但是对于企业如何在运营过程中实现该价值的关注度不高，而且已构建的智力资本评价体系的产生和衡量也忽略一些非财务指标。

第三方面认为智力资本的主要作用是企业实现对知识的有效利用，是为该目的服务的一种路径。戴维·尤里奇（Dave Ulrich，1998）[44]认为智力资本体现了员工对企业的认同感及企业员工所具有的能力的一种综合。佩蒂和古思里（Petty & Guthrie，2000）[45]认为智力资本和企业的人力资本紧密相关，而且也体现了企业组织资本的价值。南星恒等（2015）[46]的研究表明智力资本和企业的核心竞争力是等价的，智力资本致力于为企业创造财富和利润，并反映了企业知识和能力水平。该观点更侧重于研究智力资本如何实现企业价值的增值，更倾向于对创新的评价及知识的利用效率的研究。

本书主要研究的是创新网络对突破性技术创新绩效的影响，所以着重于探讨企业的智力资本是否为企业创造价值，突出企业的创新能力和知识创造力，所以本研究对智力资本的界定是从第一方面的观点出发的，认为智力资本是对企业无形资产的整合。

2. 智力资本的结构

智力资本的定义尚未统一的情况下，对智力资本的结构的研究也有很多不同的观点。通过对智力资本的结构进行研究可以有效而深入地了解智力资本的研究框架，同时也为智力资本的分析和智力资本的核算提供依据。现有的关于智力资本结构的研究可以分为二模式、三模式、四模式和五模式共四类。

首先是二模式，认为智力资本是由两方面构成的。例如埃德文森和马龙（Edvinsson & Malone，1997）[47]的研究表明智力资本包括人力资本和结构资本两个部分，而且相较于人力资本，结构资本更加重要。纳比特和戈沙尔（Nahapiet & Ghoshal，1998）[48]认为智力资本是由人力资本和社会资本两部分构成的，主要体现了组织的知识和认知能力。也有学者认为智力资本包括人力资本和结构资本两部分，体现了关系资本，组织化和企业的创新与发展。沙利文（2000）[49]认为智力资本包括人力资本和智力资产。佩蒂和古斯里语（Pety & Guthric，2000）[45]认为智力资本包括了人力资本和组织资本。

其次是三模式，认为智力资本是由三个方面构成的。例如斯图尔特（Stewart，1994）[50]认为智力资本是由人力资本、结构资本和顾客资本构成的，该观点是智力资本分析常见的 H – S – C 结构。约翰逊（Johnson，1999）[51]认为智力资本是由人力资本、关系资本和结构资本三个方面构成，其中涵盖了创新资本和流程资本。圣 – 昂格（Saint – Onge，1996）[52]认为智力资本是由雇员资本、组织资本和外部关系资本三个方面构成。邦蒂斯（1996）[40]认为智力资本是由人力资本、组织资本和关系资本三个方面构成。斯威比（1997）[36]认为智力资本是由雇员能力、内部结构和外部结构三个方面构成。德辛科夫斯基（Dzinkowski，2000）[53]认为智力资本是由人力资本、结构资本和关系资本构成，麦卡林（Michalisin，2000）[54]认为智力资本是由声誉、专业技能和组织结构资本三个方面构成。其中认为智力资本是由人力资本、结构资本和关系资本三个方面构成最被认可，也是国内研究较多使用的评价框架，例如杨隽萍和游春（2011）[55]采用人力资本、结构资本和关系资本三个方面来衡量智力资本。

再次是四模式，认为智力资本是由四个方面构成的。例如布鲁克林（Brooking，1996）[35]从市场资产、人力资产、智能财产资产和基础设施四个方面评价智力资本。乔亚（Joia，2000）[56]在原有的基础上增加了创新资本、流程资本和关系资本。莱利雅特（Leliaert，2003）[57]认为智力资本由人力资本、客户资本、结构资本和战略联盟四个方面构成。约翰内森（Johannessen，2005）[58]从人力资本、结构资本、网络资本和系统资本四个角度去度量智力资本。常（Chang，2008）[59]则认为智力资本包涵了人力资本、结构资本、客户资本和智力财产。李冬伟和李建良（2011）[60]则融合了乔亚和莱利雅特对智力资本的划分，采用人力资本、流程资本、创新资本和客户资本衡量智力资本。

最后是五模式，认为智力资本是由五个方面构成的。例如布温诺和萨尔马多（Bweno & Salmador，2006）[61]认为智力资本包括了人力资本、组织资本、技术资本、社会资本和经营资本五个方面。安德烈欧（Andreou，2007）和邦蒂斯（2007）[62]采用市场资本、人力资本、决策资本、技术资本和流程资本构建智力资本评价体系。也有学者从人力资本、创新资本、客户资本、供应商资本、投资者和地域资本五个方面对智力资本进行评价。

通过对智力资本结构的分析可以发现四和五模式是在三模式的基础上加以融合创立的，二模式是在智力资本研究初期所建立的评价体系，三模式是相对来说比较成熟而且使用较多的衡量智力资本的体系，所以选取三模式对本书所研究的智力资本进行评价。智力资本是由人力资本、关系资本和结构资本组成的，其中人力资本又可以分为理论资本和领导资本；结构资本可以分为创新资本和流程资本，并从无形资产的角度对三个资本进行界定。具体如图2.3所示。

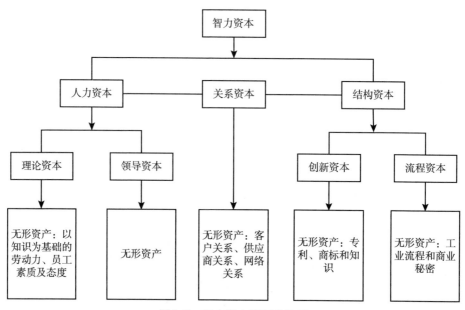

图2.3　智力资本的评价体系

2.1.3　技术创新理论和开放式创新理论

1. 技术创新理论

技术创新理论的产生可以追溯到熊彼特之前的马克思及古典政治经济学派。虽然马克思并未提及"创新"一词，但是其在《资本论》的关于技术及其对经济变革的作用等所表达的便是创新。直到1911年熊彼特在其著作《经济发展理论》中提出技术创新理论后，技术创新开始被学者们广泛地提及和讨论，所以现有的很多研究都认为技术创新是熊彼特首先提出来的。

熊彼特提出的技术创新致力于推动社会和经济的进步，并且能够大大提高生产力水平，该理论认为创新是社会经济发展的动力。经过近30年的发展，颠覆性创新、破坏性创新的概念逐步引入到技术创新理论，越来越多的学者认为创新是对企业资源及要素的重新组合，而且经济的发展是以打破现有经济格局而产生的。鉴于该理论在提出时候的超前性，直到 20 世纪 50 年代，理论界和实务界才逐步认识到该理论的重要性，所以在 20 世纪 50 年代以后技术创新理论得到了快速的发展。

索洛（Solow，1957）[63]通过建立的索洛模型发现如果想促进经济增长，仅靠生产函数中劳动力和资本的投入是不够的，而且该部分的投入只能让经济的发展趋于稳定，所以必须要通过技术进步来实现。

施莫克勒（Schmookler，1966）[64]首次实现了对技术创新的定量分析，通过对研发专利的统计和分析对经济发展中技术创新进行衡量和评价，这是对技术创新研究的重大突破。曼斯菲尔德（Mansfield，1968）[65]进一步发展了技术创新理论，将技术创新运用到产业经济学和技术经济学领域，并取得了具有影响力的研究成果，出版了 *Industrial research and technological innovation* 与 *An econometric analysis* 两本书。曼斯菲尔德从技术传播速度、创新影响因素、产业发展和创新的关系及国际技术发展对产业及个人创新的影响等方面对技术创新展开了深入研究。

罗默（Romer，1986，1990）在 *Increasing returns and long-run growth*[66]和 *Endogenous technological change*[67]中给予技术创新更高的经济地位，认为技术创新是经济发展的内生动力。并通过构建的罗默内经济增长模型验证了知识和技术在生产力的发展过程中是边际收益递增，和劳动力和资本的边际收益递减大大相反，为企业提高收益报酬率起到了指导作用。除此以外还有厄特贝克和阿伯纳西（Utterback & Abernathy，1975）[68]、多西（Dosi，1982）[69]、塔什曼和安德森（Tushman & Anderson，1986）[70]、科恩和莱文塔尔（Cohen & Levinthal，1990）[71]从创新类型和企业特征关系、技术创新路径、技术创新的组织环境、技术创新中吸收能力所起的作用等方面探讨了技术创新理论并对该理论进行丰富和发展。

随着理论的不断发展，技术创新理论逐步突破企业的边界，开始被运用到跨组织、企业间的研究，例如戴尔和辛格（Dyer & Singh，1998）[72]开始关注合作与跨组合竞争。技术创新的目的仍然是推动经济增长，企业进行技术创新也致力于提高企业竞争力，维持企业的可持续竞争，所以相关研究也层出不穷。其中最著名的是巴尼（Barney，1991）[20]，对可持续竞争优势进行定义，使其成为"企业资源管理之父"。除了企业的技术创新，国家层面的技术创新也逐步得到重视，例如纳尔逊（Nelson，1993）[73]通过对日本、韩国等国家的分析发现技术的进步推动着国家政治经济的发展，而且能够提高国家的综合创新能力，使得国家获得创新优势。由此技术创新理论实现了从企业内部—企业间—国家层面的研究和应用。

本书的突破性技术创新绩效针对的是技术创新在组织层面的研究，强调突破性技术创新所带来的企业价值的增值及快速发展。

2. 开放式创新理论

开放式创新是在技术创新的基础上，随着经济的发展提出来的，研究可以追溯到 20 世纪 50 年代，当时主要是实务界开始认识到开放式创新，哥尔等（Gill et al.，2007）[74]的研究发现 Bain Caption 咨询公司通过对企业的高管进行访谈，发现企业的高管倾向于开放式创新，认为开放式创新更能激发企业的发展潜力，而且跨组织研发合作更重视开放式创新。开放式创新这一概念是切斯布洛（Chesbrough，2003）[75]正式提出的，并在其后的研究中得到了广泛的应用。

我国学者是 21 世纪初期开始在封闭式创新的基础上研究开放式创新。例如后锐和张毕西（2006）[76]认为封闭式创新会促使企业大量的创新成果无法得以应用，创新人员流失及外界对企业的关注度降低，所以需要规避封闭式创新的弊端，重视开放式创新。王圆圆和周明（2008）[77]的研究表明封闭式创新会降低企业员工的创新积极性进而造成创新受挫，创新产品和市场对接难导致创新成果的浪费，而且企业长时间的封闭式创新会使企业出现闭门造车的情况。陈钰芬和陈劲（2009）[78]认为企业的创新存在规模效应，企业独立创新使得其在技术上的资金和人员投入量远远小于跨国企业或者战略联盟企业对研发的投入量，而且随着技术的迅速发展，企业独立创新的风险日益加大；反之开放式创新可以为企业带来信息和资源的共享，降低研发成本和风险并能够提升企业的市场开拓能力。

谢学军和姚伟（2010）[79]的研究丰富了开放式创新的要素研究，说明了企业可以通过信息相关者来获取所需要的信息，并可以通过信息资源的重组实现信息和知识的产生及快速传播。陈劲和吴波（2011）[80]通过对创新的主要环节进行研究得出开放式创新在各个环节的影响要素并实现差异化管理。罗伟民和孙炼（2011）[81]通过对企业和学校之间的合作进行研究，并分析其利益相关者，得出建立开放式平台的重要性并研究出开放式创新的发展路径，即螺旋上升。陈劲和王鹏飞（2011）[82]进一步细化开放式创新的合作者和发展阶段。陈爽英等（2012）[83]认为开放式创新可以将技术资源和商业化资源组合在一起实现技术权利和产权交易，从而实现创新资源的外生向内生转变。

本书探讨的高新技术企业创新网络是开放式创新理论发展的结果，实现创新网络内政府、企业、高校、科研机构、金融机构和中介机构的知识、资源与信息的共享及传播，推动创新的不断产生和发展。

2.2 相关概念的界定

2.2.1 高新技术企业创新网络

1. 创新网络的内涵及构成

网络的流行开始于 20 世纪 50 年代，并逐渐发展为研究热点和专有名词。网络的应用范围大，涉及地理学、社会学、经济学、管理学、物理学等学科，并实现了跨学科交叉。

网络研究硕果累累，人文社科类的研究是从个人—组织—区域，并实现了跨层次研究，其中社会学主要是对个人网络进行研究，经济学和管理学则侧重于对组织和区域网络的研究。目前的研究是合作创新网络。因为封闭式创新的弊端及社会技术的快速进步促使企业不断寻求与其他企业、高校和科研机构的合作，相关的研究也是层出不穷。企业创新网络是一种新的创新模式，根据动力的不同可以分为技术、需求等驱动模式，目前已经发展到互联网创新网络并会成为以后创新网络的主导模式（Rothwell，1992[84]）。

弗里曼（Freeman，1991）[85] 提出了创新网络的概念，认为创新网络是一种制度，该制度的目的是为实现网络的系统创新，组织方式有正式和非正式两种。库克（Cooke，1996）[86] 在弗里曼的基础上进一步完善了创新网络，明确了创新主体的内部关系。科斯查茨基（Koschatzky，1996）[87] 认为创新网络的目的不是笼统地实现网络的系统创新，而是为了促进企业的自我学习和知识的传播与交流，通过非正式的组织形式，即相对松散的组织结构，实现内部优化。哈里斯（Harris，2000）[88] 则认为创新网络可以按照组织主体的不同进行定义，例如主体是生物医药，可以称之为生物医药创新网络，网络的主体涉及行业的供应链多个环节，每个环节共同创造、共同开发、共同承担风险，并共享利润，而且这种"1+1＞2"的规模效应可以突破单个企业原有的障碍，实现企业的整体创新能力的提升。王大洲（2001）[89] 对企业创新网络进行定义，其认为企业主体为了实现创新所建立的网络。该定义对网络的主体进行界定，即以企业为中心而构建的合作关系的创新网络才是企业创新网络。王飞（2012）[90]通过对张江生物医药创新网络的形成及演化进行分析得出创新网络的演化规律。

除了对企业创新网络进行界定外，也有很多学者对区域创新网络进行定义，例如阿尔恩特和斯特恩伯格（Arndt & Sternberg，2000）[91]对区域创新网络进行定义，认为区域创新网络是一个系统，该系统内的创新主体通过正式和非正式组织关系实现紧密连接。郑展和韩伯棠（2009）[92]的研究认为区域创新网络的产生原因在于区域内的企业独自研发缺乏创新知识、创新能力和创新资源，所以为了弥补该部分缺陷，单个企业开展了与其他企业合作创新的行为。连远强（2016）[93]认为创新网络是创新主体在地理和战略方面实现的合作，致力于创新的产生。

根据已有研究和创新网络理论，可以发现创新网络一般包含企业、高校、科研机构、政府、金融机构和中介机构六个方面，如图 2.4 所示。在创新网络中，企业可以通过与其他创新主体的合作发挥自身的优势并弥补自身的不足，获取更多优势资源并实现创新成果转化的主体作用，所以企业在创新网络中至关重要，为整体网络的创新提供更多的活动和动力。而大学和科研机构主要起到产生和传播的作用，它们是创新产生的主要来源，同时能够加快创新的传播，加快创新的发展，更多从事的是基础性研究。

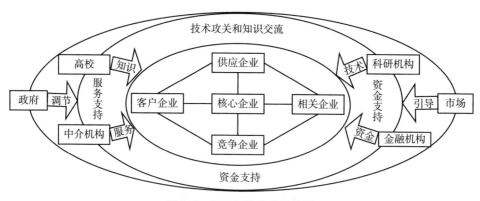

图 2.4 创新网络主体及作用

创新网络的类型按照不同的划分标准可以得到不同分类：按照企业边界不同可以将创新网络分为企业内和企业外网络；按照区域边界不同可以将创新网络分

为区域内和区域外创新网络；按照网络的层次不同可以将网络划分为全球网络、区域网络、国家网络和地方网络（Dicken，1994[94]）；利菲耶和海米曼（Liefner & Hennemann，2006）[95]根据创新网络合作特征不同将网络分为垂直合作和水平合作网络。

2. 高新技术企业创新网络的概念

高新技术企业创新网络是高新技术企业以创新为目的，通过正式或非正式组织产生联系而形成的网络，网络的主体是高新技术企业，高新技术企业通过创新网络实现信息共享、知识传递及知识的产生和传递，加快创新的产生和传播。

随着国家对高新技术产业的支持，各个地区的高新技术开发区如雨后春笋般出现，而且高新技术开发区所创造的创新增长和经济增长十分明显，这也是创新网络的优势，所以本书研究高新技术企业创新网络，探讨网络的结构嵌入和关系嵌入，分析高新技术企业创新网络对突破性技术创新绩效的影响机制及如何最大化发挥其优势。

高新技术企业创新网络与一般的企业创新网络相比，其所具有的特征是对创新的影响更加明显。首先从创新网络的结构上来看，高新技术企业的高风险、高成本及对技术的需求使得创新网络的参与者（企业、高校、科研机构、政府、金融机构和中介机构）产生更紧密的联系，而且能够建立相对稳定的联系，可以大大加快技术产出到投入生产的过程，使得研究成果被快速市场化。其次从高新技术企业创新网络参与者之间的关系来看，与传统的网络相比，高新技术企业创新网络之间的合作更明确，同时各个参与者的分工更加明确，而且高新技术企业所具有的特征使其与资本市场关系紧密，所以更需要金融机构和中介机构的通力合作。同时高新技术创新的产生主要依赖于高校和科研机构，这与传统的企业创新网络有所不同，彼此之间的合作密度大大提高。最后高新技术企业合作创新网络的形成更多是非地理邻近性的，而地理邻近性中产业链之间的合作和战略联盟也相对于传统行业更容易产生。故在这种情况下需要加深对高新技术企业创新网络的研究，以便更深刻地认识高新技术企业创新网络中各个节点的功能和作用。

本书对高新技术企业创新网络的定义指的是高新技术企业为了获取资源，弥补自身的不足，实现竞争优势与其他企业、高校、政府、科研机构、金融机构和中介机构之间建立的基于协同合作的关系网络。在该网络的作用下，高新技术企业创新网络可以促使高新技术企业产生更多的创新绩效。

2.2.2 突破性技术创新绩效

1. 突破性技术创新的定义及特征

突破性技术创新是企业创新中较深层次创新。随着突破性技术创新在企业竞争过程中所起的作用越来越突出，其所受关注的程度越来越高，较多的学者开始关注突破性技术创新，并在研究过程中对其进行定义，但由于研究人员自身的研究背景和研究内容不同，所以目前关于突破性技术创新的定义尚未统一。

杜瓦和杜顿（Dewar & Dutton, 1986）[96]认为突破性技术创新是与渐进性创新相反的一种创新方式。克里斯滕森和罗圣朋（Christensen & Rosenbloom, 1997）[97]认为突破性技术创新是指一种可以在短时间内提升企业的产品性能并会让企业的现有组织状态发生变化的技术。科特利尼科夫（Kotelnikov, 2000）[98]认为突破性技术创新可以使企业的产品、工艺等具有其所从未具有的功能，或者企业的产品的性能及成本发生强烈的变化，甚至会创造出新的产品或者新的市场。托蒙等（Thomond et al., 2003）[99]认为突破性技术创新可以为产品的性能、类型及商业模式带来翻天覆地的变化，并随着主流市场的变化而变化，所产生的技术和产品能够改变现在的产品，取得巨大的成功。杭等（Hang et al., 2006）[100]认为突破性技术创新是一种连续动态的创新，它会不断地对市场特别是新型市场产生影响。麦克劳克林（Mclaughlin, 2008）[101]认为突破性技术创新需要对固有的规律、交易模式、企业收入及市场占有率有所影响的创新。贝格（Berg, 2009）[102]认为突破性技术创新可以完善现有产品和市场或者是产生新的产品和市场。常等（Chang et al., 2012）[103]认为突破性技术创新是打破现有创新轨道的一种创新。

除了国外学者，国内学者也对突破性技术创新的定义进行了研究，例如陈劲等（2002）[104]认为突破性技术创新开始不是为了企业主流的技术和市场服务的，而是致力于满足创新的需求而进行的技术或者相关创新研究，所以开始的时候因为对主流需求的满足度欠缺而导致认可度不高。张洪石和陈劲（2005）[105]认为突破性技术创新会对产业产生巨大影响，会产生新的规则和竞争。薛红志和张玉利（2006）[106]认为突破性技术创新的技术会对现有技术产生破坏或者替代。赵杰和游达明（2010）[107]认为突破性技术创新会替代原有的主流创新方式。张可和高庆昆（2013）[108]认为突破性技术创新和企业的核心竞争力紧密相关，并认为从资源和技术等六个方面实现突破性技术创新会形成核心竞争力。孙圣兰（2014）[109]通过使用网络外部性理论和价值分析理论构建了消费者购买决策模型，并使用数据进行实证研究得出成功实施突破性技术创新的节点。周磊（2015）[110]的研究说明低端或者新兴市场更容易出现突破性技术创新。

突破性技术创新的定义总结见表 2 - 1。

表 2 - 1   突破性技术创新的定义

学者	观点
Dewar & Dutton（1986）	突破性技术创新是与渐进性创新相反的一种创新方式
Christensen & Rosenbloom（1997）	突破性技术创新是指一种可以在短时间内提升企业的产品性能并会让企业的现有组织状态发生变化的技术
Kotelnikov（2001）	突破性技术创新可以使企业的产品、工艺等具有其所从未具有的功能，或者企业的产品的性能及成本发生强烈的变化，甚至会创造出新的产品或者新的市场
Thomond 等（2003）	突破性技术创新可以为产品的性能、类型及商业模式带来翻天覆地的变化，并随着主流市场的变化而变化，所产生的技术和产品能够改变现在的产品，取得巨大的成功
Hang 等（2006）	突破性技术创新是一种连续动态的创新，它会不断地对市场特别是新型市场产生影响
Milaughlin（2008）	突破性技术创新需要对固有的规律、交易模式、企业收入及市场占有率有所影响的创新
Berg（2009）	突破性技术创新可以完善现有产品和市场或者是产生新的产品和市场
Chang 等（2012）	突破性技术创新是打破现有创新轨道的一种创新
陈劲等（2002）	突破性技术创新开始不是为了企业主流的技术和市场服务的，而是致力于满足创新的需求而进行的技术或者相关创新研究，所以开始的时候因为对主流需求的满足度欠缺而导致认可度不高
张洪石和陈劲（2005）	突破性技术创新会对产业产生巨大影响，会产生新的规则和竞争
薛红志和张玉利（2006）	突破性技术创新的技术会对现有技术产生破坏或者替代
赵杰和游达明（2010）	突破性技术创新会替代原有的主流创新方式
张可（2013）	突破性技术创新和企业的核心竞争力紧密相关，并认为从资源和技术等六个方面实现突破性技术创新会形成核心竞争力
孙圣兰（2014）	通过使用网络外部性理论和价值分析理论构建了消费者购买决策模型，并使用数据进行实证研究得出成功实施突破性技术创新的节点
周磊（2015）	低端或者新兴市场更容易出现突破性技术创新

2. 突破性技术创新与渐进性技术创新的比较

现有研究也有笼统地使用"颠覆性创新"和"激进式创新"来形容技术发生巨大变化或者市场规则发生巨变的创新。为了进一步明晰突破性技术创新，需要就突破性技术创新与颠覆性创新（破坏式创新）、激进式创新和渐进性技术创新进行比较分析，如图 2.5 所示。

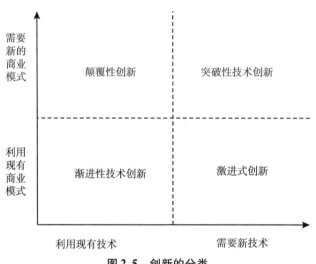

图 2.5　创新的分类

从图 2.5 可以看出根据技术和商业模式的不同可以将创新分为颠覆性创新、突破性创新、渐进性技术创新和激进式创新四类。其中渐进性技术创新和突破性技术创新是完全不同的两类创新，渐进性创新是利用现有技术和现有的商业模式所进行的创新，而突破性技术创新则完全突破了现有技术和现有的商业模式。颠覆性创新和激进式创新虽然和突破性技术创新有所相似，但是并没有突破性技术创新的强度高。以下就突破性技术创新和渐进性技术创新进行对比分析。

如表 2 - 2 所示，突破性技术创新和渐进性创新之间的区别明显，突破性技术创新更能推动市场和技术向前快速发展。

表 2 - 2   突破性技术创新和渐进性技术创新的比较

项目	突破性技术创新	渐进性技术创新
技术要求	新技术	对现有技术的改进
路径	发散而不连续	线性联系
业务模式	随着市场和技术的发展而变化	在项目开始之初便可制订详细计划
组织结构	从研发到孵化最后形成项目团队	一开始就可以以项目团队的形式开展
资源分配	创造性资源的分配	标准资源的分配
过程	从非正式到正式逐步演化	正式的阶段模型
重点	形成新产品、新技术和新业务流程	对现有产品、技术和流程的优化

通过国内外研究及同颠覆性创新、激进式创新和渐进性创新的比较可以发现突破性技术创新的含义可以从四个方面来阐述：①突破性技术创新会对产业或市场产生巨大影响。②突破性技术创新对创新程度的要求比较高。③突破性技术创新会改变现有市场竞争态势和规则，对现有市场重新洗牌。④突破性技术创新绝大多数都是以新技术为基础的原始性创新。

3. 突破性技术创新绩效概念的界定

随着突破性技术创新的深入研究，越来越多学者开始关注突破性技术创新所产生的创新绩效，从而探讨如何引导突破性技术创新产生更有效的作用，实现预期目的。但是关于突破性技术创新绩效的研究还是较少的，这正是研究的创新点和研究的意义所在。

本书的突破性技术创新绩效实质上是技术创新成果的一种形式，但是因其创新强度大、创新成果突出，故称为突破性技术创新绩效。技术创新绩效的相关研究较广泛，这为对突破性技术创新绩效的研究打下了夯实的理论基础。本书将在技术创新绩效的基础上对突破性技术创新绩效进行定义和测度。

从技术创新绩效开始被提出以后，国内外关于技术创新绩效的研究可以总结为四个阶段：首先是 20 世纪 50 年代，技术创新绩效还是以技术效率的形式呈现，对其加以评价的指标体系和理论模型雏形刚形成。其次是 20 世纪 70 年代开始出现不同以往单指标评价体系的方式，技术创新绩效的评价更加规范和科学。再次是 20 世纪 80 年代，学者开始突破以往的财务指标构建技术创新绩效评价体系的局限性，开始从不同维度的视角对技术创新绩效进行评价，并出现了很多综合评价法。最后是 20 世纪 90 年代到今天，随着评价体系的不断完善，综合了很多现代评价方法，现在的技术创新绩效更突出对网络特征的评价，例如特朗布莱（Tremblay，1998）[111]、阿思勒斯和阿罗塞纳（Arcelus & Arocena，2000）[112]、池仁勇（2003）[113]、阿格雷（Aggrey，2010）[114]和朱永国（2007）[115]等从企业、产业、区域及国家层面对技术创新绩效进行指标的构建和度量。

突破性技术创新绩效在技术创新绩效的基础上从新产品和新技术两个方面加以度量，研究新产品和新技术的不断创新能力和创新的周期及费用情况；同时衡量新产品和新技术的效率、为企业所带来的利润和对企业知名度的提升等方面。本书的突破性技术创新绩效和一般的技术创新绩效的本质区别在于其显著的突破性技术创新的特征，这也是在衡量突破性技术创新绩效中的主要衡量点，既要具有一般技术创新绩效的共性也要拥有个性，这样才能够充分地表现突破性技术创新绩效。

2.3 国内外文献综述

2.3.1 有关创新网络的研究

通过梳理已有国内外文献可以发现目前关于创新网络的研究相对来说比较丰富，研究的论文成果近五千余篇，涉及领域较广。2010 年之前主要的研究侧重于产业集群、区域创新、技术创新等；2010 年之后的研究则开始关注创新网络和协同创新，尤其是近些年网络结构、网络创新能力及网络知识的流动已成为研究的热点。以下就创新网络的主要研究内容进行阐述。

1. 创新网络的形成和演化

创新网络的形成和演化得益于网络节点的不断增加，节点之间的联系日益加强，实践和空间上的合作越来越丰富，由此网络会在某种驱动因素下不断形成相对稳定的模型或者是合作方式，然后不断地演化和发展。对网络形成和演化的研究主要从形成过程及影响因素、新的研究方法和理论基础的更新几个方面展开。

（1）创新网络形成和演化的形成过程及影响因素。企业生命周期理论发展相对来说已经比较成熟，在该研究的基础上衍生出很多关于形成的研究，创新网络的形成理论也是从网络形成的生命周期和形成阶段展开研究的，并通过案例分析对创新网络形成过程中会受到的影响因素进行研究。例如奈特和派伊（Knight & Pye，2005）[116]通过建立网络学习模型，使用定性等多种方法的实证研究对创新网络形成进行研究，并分析网络形成过程中组织学习所具有的社会和经济特征对创新网络的影响。易将能等（2005）[117]对区域创新网络进行研究，建立了区域创新网络分阶段模型，将区域创新网络的演化分为三个阶段。曾刚和林兰（2006）[118]通过对张江科技园区的调研和分析，在技术转移的大环境下，研究了技术势能、技术合伙企业之间距离及技术扩散的通道环境对创新网络技术扩散的影响并提出提升意见。李二玲和李小建（2009）[119]通过对中部六省农区产业集聚的创新网络的演进，分析网络结构及网络连接对整体农区创新网络的影响，并提出培育产业集聚的意见。鲁新（2010）[120]利用生命周期理论将创新网络的演化分为形成、成长、成熟和退化四个阶段，并运用复杂网络分析对内部的演化动力进行分析。何和王（He & Wang，2012）[121]分析中国不同行业的企业倾向于集聚发展，形成创新网络，并研究了所有权在创新网络形成过程中所发挥的作用。巴特尔特和李（Bathelt & Li，2013）[122]研究了全球外商直接投资流动的创新网络，并选取加拿大外商向中国投资的样本进行分析，得出对其产生影响的驱动因素并提出政策建议。符文颖等（2013）[123]通过对深圳和东莞的区域创新机制进行分析，提出区域创新系统的管制框架并对其演化进行研究。符文颖（2016）[124]通过经济地理学中的复杂网络理论对地方创业进行界定和研究，得到关于地方创业主体的能动性，将创业主体看作是一个创新网络主体从而提高整体主体的积极性和创造性。

（2）创新网络研究方法。随着视角、理论和技术的不断发展，关于创新网络的研究方法也在不断地变化，而且对创新网络的刻画也越来越贴合，这大大促进了创新网络研究的不断进步，创新网络可以从抽象的概念逐渐具体到规范和科学研究。例如马丽等（2004）[125]利用企业行为博弈方式将创新网络分为连续扩展、破碎溶解、成长壮大和抵抗衰落四种类型。朱利安尼和拜尔（Giuliani & Bell，2005）[126]利用结构方程在分析创新网络演化的基础上，研究了大多数关于空间聚类与企业技术学习之间的关系，并分析强调了前者对后者的影响，并将聚焦内部学习作为创新绩效的驱动因素，考察了单个企业的吸收能力对集群内知识系统的运作及其与集群之间的相互联系的影响。李二玲和李小建（2009）[127]运用调研访谈和社会网络分析的方法对欠发达地区的创新网络形成分为初创阶段和现阶段进行分析，发现创新网络演化的内生性并分析企业规模、企业地位和企业能力对创新网络形成的影响。鲁新（2010）[120]运用仿真和数据包络分析方式构建了创新网络的形成和演化模型，并对创新网络效率进行分析。巴兰（2012）[128]运用实证分析等方法构建了创意产业生命周期中企业之间的创新网络的形成，并关注三种驱动网络形成的机制：网络内生性、五种形式的邻近性（例如地理邻近性）及个人特征（企业利用外部知识的能力的异质性）。吕国庆等（2014）[129]运用社会网络分析法对长三角地区的装备制造业产学研网络进行演化分析。陈强和刘笑（2016）[10]利用四维分析法基于上海市高校的论文合作创新网络的形成进行研究，发现上海高校的创新合作已经从区域内合作向区域外合作转变。

（3）理论基础。随着社会经济的不断发展，研究的不断深入，学者们不断自我激发，提出了一些对创新网络来说指导性更强的理论，例如社会资本理论、复杂网络理论、知识分工理论等，这对创新网络的研究起到了十分重要的作用。例如李金华和孙东川（2006）[130]在复杂网络理论的基础上对创新网络演化进行分析并得到了三个创新网络演化模型。魏旭和张艳（2006）[11]通过知识分工理论对创新网络演化及知识的流动和企业自身的创造能力进行分析。蒋同明和刘世庆（2011）[12]在自组织理论的基础上对创新网络的演化进行分析，认为区域创新网络的自组织体现在网络参与者及其所处的环境。

通过以上分析可以看出，在经济学领域，学者们研究的焦点之一便是创新网络，而且跨区域、跨组织网络的相关研究更是研究的重点，虽然关于创新网络的形成及演化研究的重视度比较高，但仍然停留在对其网络结构的刻画等方面，深层次的研究较少，而且关于网络的时空演化及网络形成和演化的实际应用的相关研究仍需进一步加强。

2. 创新网络的绩效

创新网络的效率又称为创新绩效，创新绩效指的是创新的投入所带来的创新的产出量，狭义的创新绩效主要指新产品的市场化能力，广义的创新绩效指新产品的创新能力和市场化能力。鉴于能力基础理论和开放式创新能力理论，技术创新能力的提高需要合作创新，近几年越来越多学者开始研究合作创新网络的创新绩效，以下就创新网络结构对创新绩效的影响、创新网络主体效率的研究和研究方法几个方面进行阐述。

（1）创新网络结构对创新网络绩效的研究。创新网络结构的研究基本上是基于社会网络理论和复杂网络理论展开研究，探索网络结构对创新网络效率的影响。网络结构主要从关系嵌入和结构嵌入两个角度展开，关系嵌入研究的是网络节点之间连接的紧密度、频率和互惠性等；结构嵌入研究的是网络规模、网络位置和网络密度等。例如英克彭和威妥玛（Inkpen & Tsang，2005）[131]研究网络的社会资本维度如何影响网络成员之间的知识转移并区分三种常见的网络类型：企业内部网络、战略联盟和工业区，提出了一系列促进不同网络类型知识转移的条件。钱锡红等（2010）[132]通过案例研究发现战略联盟是发挥科技型中小企业创新的重要途径。罗斯特（Rost，2011）[133]认为创新研究往往高估了创新网络架构中弱关系的影响，通过验证强有力的联系的必要性，说明了对开放式创新研究的重要性，并认为如果封闭式创新原则被推倒，开放式创新将无法奏效。解学梅等（2013）[134]研究说明了知识吸收能力对创新网络绩效的中介影响。科里（Corey，2015）[135]认为创新网络的效率会受到网络内知识流动的影响。施放等（2015）[136]通过对浙江高新技术企业的分析发现网络中心性对创新绩效的重要作用。王丽平等（2016）[137]研究了互补性资源和交互能力在合作创新绩效中分别起到正向和中介的作用。

（2）创新网络主体绩效的研究。为了细化对创新网络的研究，学者选取的研究对象也有所差别，从企业到国家层面是经常涉及的创新网络主体，除此以外更多的学者倾向于细化每个层次，企业可以分为不同产业类型的企业，或者按照企业的规模进行分类研究。例如池仁勇（2007）[138]研究了浙江省 264 家中小企业的创新网络节点的连接强度对创新绩效的影响，得到网络节点连接强度对创新绩效有促进作用。弗伦茨（Frenz，2009）[139]考虑了两大类知识来源及其对社区创新绩效的影响，社区内部的知识来源会增加创新潜力。李（Lee，2010）[140]研究了中小企业开放式创新网络对创新绩效的影响，研究认可中小企业开放式创新的潜力，并将网络化作为促进中小企业开放式创新的有效途径之一。巴特尔特（Bathelt，2011）[141]通过分析高校在促进技术转让和创新网络创建中的作用，探索区域创新的社会基础。得到区域创新受益于横向和纵向知识流及跨区域网络，并使企业能够从新旧知识传播中受益。

（3）研究方法。创新网络绩效的研究善于和现代分析方法相结合来解决学者所疑惑的问题，使用的研究方法涉及负二项回归、层次分析法、结构方程、数据包络分析、神经网络等方法。例如，王和钱（Wang & Chien，2006）[142]运用神经网络构建预测模型，使用技术信息资源和清晰的创新目标来预测创新绩效，结果表明 BPN 方法在预测相关性能方面优于统计回归方法。通过这种方法，决策者可以预测创新绩效，并调整分配资源以匹配公司的创新目标。陈和关（Chen &

Guan，2012)[143]应用数据包络分析对中国区域创新系统创新效率进行系统评价，将创新过程分解为两个子过程：技术发展和技术创新。曹贤忠等（2015)[144]运用 DEA 中的 CRS 和 VRS 模型及 Malmquist 指数方法对长三角地区的研发资源创新绩效进行评价。关（Guan，2015)[14]利用负二项式回归和结构方程研究了多层次网络对创新的影响。埃格贝托肯（Egbetokun，2015)[145]利用分位数回归，使用尼日利亚企业的创新调查数据探讨网络战略与企业创新之间的关系。

3. 创新网络的知识流动

创新网络的主要作用是推动知识在不同节点间的产生、传播及发展，所以创新网络内部的知识流动也是创新网络研究的一项重要内容。通过分析现有关于创新网络的研究，可以发现知识流动的研究分为内部知识流动和外部知识流动。

（1）内部知识流动。企业内部的不同知识的流动通过不同方式和不同的路径所实现的创新作用不同，对创新效率也会产生较大影响。例如魏旭和张艳（2006)[11]认为网络内部知识流动会形成社会资本，降低知识的学习成本，促进创新网络的发展。曹贤忠等（2016)[146]认为网络能够推动组织间的知识流动，从而可以对网络资本有一个很好的测量进而反映区域经济增长。随着社会网络的发展，网络结构得到重视，随后学者们发现网络结构会对知识流动产生重要作用，例如考恩和约纳德（Cowan & Jonard，2004)[147]模拟网络对创新产业中知识增长的影响，用知识创新的程度和可用的技术机会来衡量创新潜力，得出空间聚类能够在高度隐性知识的行业中产生更高的长期知识增长率。威克和詹森（Wijk & Jansen，2008)[148]认为知识网络被视为基于战略和网络能力的选择，本地（区域）网络和全球网络倾向于以集群共存，而这种模式则源自公司的特定组织能力以及建立客户和供应商关系的特定战略。探讨了知识网络所发挥的作用，例如汪涛等（2010)[149]研究了经济地理视角下知识网络对知识流动所发挥的重要作用。休尔（Hur，2011)[150]研究中国的学术知识融入全球知识体系的机制。

（2）外部知识流动。随着知识流动研究的深入，发现知识管理对企业的发展至关重要，通过对知识转移和知识创造的研究，学者们开始关注外部知识流动的重要性。例如苏弗特（Seufert，1999)[151]概念化知识管理的网络视角并解释网络与知识管理之间的相互依赖关系，从而开发了一个知识网络的框架，可以作为一个基础来构建和揭示相互依赖关系。斯蒂芬（Stefan，2010)[152]采用社会网络的方法对案例研究地区的知识网络进行实证分析，细致地调查区域创新网络的结构和特征，得到就企业与研究机构之间创新相关的合作关系而言，知识网络可视为区域创新系统的关系组成部分。李贞和张体勤（2010）[153]构建了知识网络能力的理论框架并提出提升路径。王海花和谢富纪（2012）[154]在结构洞理论的基础上对企业的外部知识能力进行结构测量。

4. 高新技术企业创新网络的相关研究

高新技术企业自身所具有的特性使得其更倾向于合作创新，对创新网络的需求性也更高，所以很多地区和国家纷纷建立高新技术开发区，通过地理邻近性来构建创新网络，对高新技术企业创新网络的研究也是创新网络研究的焦点。例如沙玛（Sharma，2009）[155]研究了印度电信设备制造业面临的主要挑战，电信设备的总需求只有 35% 是由国内生产来满足的，这不利于电信业的长期持续增长。与其他主要国家相比，印度的研发支出也远远落后。特纳（Turner，2010）[156]研究了英国葡萄酒行业的学习网络。潘峰华和王缉慈（2010）[157]研究了全球化背景下中国手机制造业网络的形成和演化。马铭波和王缉慈（2012）[158]通过把国内钢琴制造业作为一个切入点来研究文化产品制造业所存在问题的根源及如何实现制造升级。王飞（2012）[90]运用社会网络分析理论研究生物医药产业创新网络的形成及演化机理，并以张江作为切入点进行案例研究。沃尔等（Wal et al.，2014）[159]通过对德国生物技术产业进行研究，剖析其创新网络的结构及现状。赵建吉和曾刚（2013）[160]通过张江集成电路产业对构建的技术守门员模型进行验证和实证分析，探索技术的流动。王灏（2013）[161]借助复杂网络分析法对光电子产业创新网络的形成及演化进行研究。王秋玉（2016）[162]对中国装备制造业产学研合作创新网络进行多维度分析。列芬（Liefner，2016）[163]对中国的机械工业创新网络进行研究，并以德国为例进行对比分析。张秀萍（2016）[164]通过"三螺旋"理论选取具有代表性的中国高新技术开发区对其区域创新网络结构及特征进行分析。吴慧和顾晓敏（2017）[165]选取张江生物医药产学研合作创新网络进行研究，探索网络结构特征对创新绩效的影响。

通过以上梳理可以发现，创新网络中针对高新技术的研究十分丰富，这是高新技术企业的高风险、高利润等特征所需求的，但是鉴于高新技术涉及门类较多，所以大部分学者倾向于选择其中某一行业中的企业展开分析。

高新技术企业创新网络的相关研究总结见表 2 - 3。

表 2 - 3   高新技术企业创新网络的相关研究

研究内容	学者
创新网络的形成和演化	Knight & Pye（2005）、易将能等（2005）、曾刚和林兰（2006）、李二玲和李小建（2009）、鲁新（2010）、Balland（2012）、He & Wang（2012）、Bathelt & Li（2013）、符文颖等（2013, 2016）、马丽等（2004）、Giuliani & Bell（2005）、吕国庆等（2014）、陈强和刘笑（2016）、李金华和孙东川（2006）、魏旭和张艳（2006）、蒋同明和刘世庆（2011）
创新网络的绩效	Inkpen & Tsang（2005）、Clifton 等（2010）、钱锡红等（2010）、Rost（2011）、解学梅等（2013）、Corey（2015）、施放等（2015）、王丽平等（2016）、刘学元等（2016）、池仁勇（2007）、Frenz 等（2009）、Lee 等（2010）、Bathelt 等（2011）、Guan 等（2015）、Wang & Chien（2006）、Chen & Guan（2012）、曹贤忠等（2012）、Guan 等（2015）和 Egbetokun（2015）
创新网络的知识流动	魏旭（2006）、曹贤忠等（2016）、Cowan & Jonard（2004）、Wijk & Jansen（2008）、汪涛等（2010）、Hur（2011）、Seufert 等（1999）、Steafan（2010）、李贞和张体勤（2010）、王海花和谢富纪（2012）
高新技术企业创新网络的相关研究	Sharma（2009）、Turner（2010）、潘峰华和王缉慈（2010）、马铭波和王缉慈（2012）、Wal 等（2014）、赵建吉（2013）、王灏（2013）、Liefner（2016）、张秀萍（2016）、吴慧和顾晓敏（2017）

2.3.2   有关智力资本的研究

1. 智力资本研究现状

通过对智力资本理论的分析可以发现，现在关于智力资本的研究主要分为三个角度：第一个角度是从智力资本自身的特性来说，认为智力资本是对企业无形资产的整合。该观点有利于体现企业的创新能力和知识创造能力，对企业的长期发展起到促进作用，但是无法体现智力资本的财务作用。第二个角度是从财务的角度对智力资本进行定义，将公司的账面价值和公允价值之间的差额称为智力资本。该观点从财务上对智力资本进行定义，使智力资本的可操作性增强，而且能够反映企业的价值，但是对于企业如何在运营过程中实现该价值的关注度不高，而且已构建的智力资本评价体系的产生和衡量也忽略一些非财务指标。第三个角度认为智力资本的主要作用是企业实现对知识的有效利用，是为该目的服务的一种路径。该观点更侧重于研究智力资本如何实现企业价值的增值，更倾向于对创新的评价及知识的利用效率的研究。

本书主要研究的是创新网络对突破性技术创新的影响，所以着重于探讨企业的智力资本是否为企业创造价值，突出企业的创新能力和知识创造力，所以对智力资本的界定是从第一个角度的观点出发的。基于此，本书主要采用斯图尔特对智力资本的分析框架，即认为智力资本是由人力资本、结构资本和关系资本三类构成。

2. 智力资本和绩效的关系

智力资本领域的研究难点和重点之一是探索其与企业绩效的关系，无论是理论研究还是实证研究，学者均致力于探索智力资本和绩效之间的影响机制。研究内容主要分为以下两类。

一类认为智力资本对绩效直接起作用，例如邦蒂斯和基奥（Bontis & Keow，2013）[166]实证研究探讨智力资本的三个要素，即人力资本、结构资本和客户资本，以及它们在马来西亚两个产业部门之间的相互关系，研究表明发展智力资本对创新绩效起直接作用。吉诺皮亚等（Dženopoljac et al.，2016）[167]认为当企业规模和杠杆作为控制变量时，只有资本使用效率对财务绩效有显著影响，研究证实，不同部门之间的财务绩效会直接受智力资本的影响，但是相互之间没有显著差异。拉扎芬德拉姆宾纳和安格里尼（Razafindrambinina & Anggreni，2017）[168]运用回归模型探讨了智力资本对当前和未来企业财务绩效的贡献之间的关系。结果显示，除了印度尼西亚消费品公司的收入增长之外，智力资本确实有助于财务业绩；未来绩效的表现也受智力资本水平的影响。同时表明：物质、金融和结构性质的资本是企业绩效最重要的驱动因素。索菲安（Sofian，2017）[169]考察了集成电路的发展程度和形式对管理会计实务的影响，特别是绩效评估和企业绩效；也研究这些公司的智力资本的价值程度是否影响他们的表现。结果表明，集成电路的智力资本确实会影响公司绩效。

另一类认为智力资本对绩效间接起作用，例如辛格和纳瓦尔（Singh & Narwal，2015）[170]分析了印度制造业、服务业和技术领域的知识资本成分（人力、结构和有形资本）与经济、金融及股票市场表现之间的关系，应用智力资本增值系数方法来衡量智力资本的效率。研究结果表明，人力资本效率与财务绩效正相关，与各行业股市绩效呈负相关。邦蒂斯等（2015）[171]利用智力资本系数来衡量集成电路对价值创造贡献的水平，这与各种财务绩效指标（包括营业利润、股本回报率、资产收益率、盈利能力和员工生产力）相关。奥兹坎（Ozkan，2016）[172]分析 2005 年至 2014 年在土耳其经营的 44 家银行的智力资本表现与财务业绩之间的关系，发现智力资本使用效率和人力资本效率对银行的财务绩效产生了积极的影响。然而，与人力资本使用效率相比，智力资本使用效率对银行的财务业绩影响更大。

智力资本相关研究总结见表 2 - 4。

表 2 - 4   智力资本相关研究

研究内容	学者
直接影响	Bontis & Keow（2013）、Dženopoljac 等（2016）、Razafindrambinina & Anggreni（2017）、Sofi-an 等（2017）
间接影响	Singh & Narwal（2015）、Bontis 等（2015）、Ozkan 等（2016）

2.3.3　有关突破性技术创新绩效的相关研究

突破性技术创新绩效来自对突破性技术创新、技术绩效和创新绩效结合所提出的具有突破性技术创新特征的创新绩效，所以对突破性技术创新绩效的研究重点仍然是突破性技术创新，以下将从突破性技术创新的角度就突破性技术创新绩效形成能力、演化机制及创新能力的相关研究进行阐述。

1. 突破性技术创新绩效的理论研究

（1）形成机理研究。突破性技术创新与渐进性技术创新相比，风险更高，所付出的成本也更大，但是与渐进性技术创新相比，突破性技术创新更有利于发挥企业的创造性，促进企业的长期稳定发展[173]。突破性技术创新的发展得益于早期实验室的研究成果，而且与企业知识管理紧密相关，对企业竞争优势的保持和提升发挥着重要作用[174]。塞马代尼和安德森（Semadeni & Anderson，2010）[175]应用基于信息的模仿理论来评估在高度环境不确定性和高度信息不对称条件下影响模仿的组织及提供层面的特征，发现突破性技术创新可以走出模仿困境，但是将会为企业带来更多的不确定因素。林顿（Linton，2009）[176]从创新的技术和社会影响、投入和产出的性质以及分析的单位和层次等方面说明了高风险将会为该选择带来丰厚的回报。

（2）演化路径。突破性技术创新的演化路径一直是研究的热点，巴巴和沃尔什（Baba & Walsh，2010）[177]认为激进的突破性创新不仅创造出巨大的工业可能性，而且还带来巨大的社会不确定性。阿兹和维格勒（Arts & Veugelers，2013）[178]认为技术起源和新颖性与其技术影响之间存在关系，选取 1976 年到 2001 年的生物技术美国专利记录进行研究发现，生物技术的突破更多地依赖于非技术和现有技术，特别是更近期的现有技术，来自许多不同技术领域的现有技术，以及来自不熟悉的技术领域的现有技术，而且技术的新颖性很重要。卡斯塔迪和弗伦肯（Castaldi & Frenken，2015）[179]认为突破性的创新经常源自对过去不相关的技术的链接，将新旧元素结合在一起。吴晓波等（2013）[180]通过对阿里巴巴相同商业模式的电子商务企业的创新进行研究，构建了一个二次商业模式创新和技术创新的共演模型。陈劲和黄淑芳（2014）[181]以 Rothwell 模型为基础构建了企业技术创新演化模型，该部分的研究值得进一步深化。

（3）创新能力。突破性技术创新对企业竞争力起重要作用也得到了学者的验证。例如科特利尼科夫（Kotelnikov，2000）[98]将突破性技术创新和渐进性技术创新进行对比，发现突破性技术创新更能提升企业的核心竞争力。卡帕尔多（Capaldo，2007）[182]认为突破性技术创新可以为知识密集型联盟网络中的领先企业提供肥沃的土壤，以获得其可持续性为主的竞争优势。除了国外学者外，国内学者也对突破性技术创新的创新能力展开了研究，例如张可和高庆昆（2013）[108]分析了企业核心竞争力和突破性技术创新之间的关系，发现企业在进行突破性技术创新的同时也建立起了核心竞争力。孙圣兰（2014）[109]通过对突破式技术创新的临界点进行研究从而为企业在提高自身创新能力的同时降低了创新的风险性。周磊和杨威（2015）[110]研究了突破性技术创新对企业竞争情报的影响，认为突破性技术创新的类型决定了突破性技术创新的强度，进而影响企业竞争情报能力。

2. 突破性技术创新绩效的实证研究

突破性技术创新的理论研究的目的仍然是为实证研究奠定基础，关于突破性技术创新的实证研究主要集中在对其影响因素的研究上。

（1）企业规模。阿里（Ali，1994）[183]认为企业应该考虑与其能力有关的几个因素以及各种项目和市场特征，以决定应该开发哪些产品，而且起主导作用的大企业所发挥的作用更明显。帕拉卡和奈特（Paradkar & Knight，2015）[184]通过研究新西兰的 12 家初创企业发现成功的创新商业化取决于互补资产的可用性，基于能力的资源尤其是动态能力对创业企业的竞争优势影响比其他无形资产和有形资产更大。派瑞达等（Parida et al.，2016）[185]认为中小企业的网络能力可以有效地帮助管理多元关系的范围，通过在网络伙伴多样性和销售增长之间做适度的倒"U"型关系。古玛和圣德拉（Kumar & Sundarraj，2016）[186]认为在科技型行业中，与创造性破坏创新相比，创造性积累模式具有更好的企业绩效，对创新绩效关系有调节作用，并在经济困难时期的处理会更好。

（2）组织结构。耿剑锋等（2008）[187]通过研究适应性破坏创新所适应的组织结构来分析企业如何选择适合自身发展的组织类型。王宏起等（2014）[188]认为对战略新型产业来说突破性技术创新适合泛二元化组织模式。尹惠斌等（2014）[189]认为环境动态性会影响学习型组织的突破性技术创新绩效，并起中介作用。只有吸收能力对激进创新绩效具有积极的直接影响，而规模对其影响不显著。福雷和卡米森（Forés & Camisón，2016）[190]认为组织规模对知识积累能力的影响也是混合的，它似乎增加了内部知识的创造能力，但并不影响吸收新的外部知识。葛宝山等（2016）[191]认为跨界产业企业需要突破现组织障碍，实现跨界产业知识的共享，建立和发展创新能力才能提升组织创新水平和绩效。

突破性技术创新绩效的相关研究总结见表 2 – 5。

表 2 – 5 　　　　　　　　　突破性技术创新绩效的相关研究

	研究内容	学者
理论研究	形成机理研究	Semadeni & Anderson（2010）、Linton（2009）
	演化路径	Baba & Walsh（2010）、Arts & Veugelers（2013）、Castaldi & Frenken（2015）、吴晓波等（2013）、陈劲和黄淑芳（2014）
	创新能力	Kotelnikov（2000）、Capaldo（2007）、张可和高庆昆（2013）、孙圣兰（2014）、周磊和杨威（2015）
实证研究	企业规模	Ali（1994）、Paradkar & Knight（2015）、Parida 等（2016）、Kumar & Sundarraj（2016）
	组织结构	耿剑锋等（2008）、王宏起等（2014）、尹惠斌等（2014）、Forés & Camisón（2016）、葛宝山等（2016）

2.4　本章小结

本章根据所要研究的问题，针对已有研究对高新技术企业创新网络对突破性技术创新绩效的相关理论基础及概念进行阐述和界定，并梳理所涉及的文献，对高新技术企业创新网络、智力资本和突破性技术创新绩效进行研究分析并对其进行文献述评，表明了本章的主要研究内容，并为后续演化奠定了理论基础。接下来将根据已有研究情况提出研究假设并构建理论模型。

第3章 影响机制与调节效应理论分析及研究假设

3.1 创新网络对突破性技术创新绩效影响机制

3.1.1 影响机制理论框架

通过文献的梳理和述评可以发现创新网络是在空间和地理邻近性所形成的以创新为目的的社会网络，创新网络对创新绩效会产生影响。随着创新网络的不断演化和发展，网络的规模、密度和中心性等均会对创新网络内知识的产生、流动及扩散产生作用，进而会对创新网络及创新绩效之间的关系产生相应的影响。创新网络的形成和演化过程会推动知识流动和扩散，由此则会产生大量的智力资本，智力资本的产生会加强创新网络各个参与者之间的信任度，合作和互惠程度也不断深化，同时由于信任度、合作和互惠程度的加深会进一步推动网络参与者之间的关系更为密切，紧密度不断加深使得信息的产生和扩散更为快速和高效。而企业在创新网络过程中所形成的智力资本（人力资本、关系资本和结构资本）会对企业在创新网络中的行为及作用产生影响，并进一步作用于企业的创新绩效及突破性技术创新绩效。故本研究将在资源和能力基础理论、开放式技术创新和智力资本理论的基础上，以智力资本作为中介变量来研究创新网络对突破性技术创新绩效的影响机制。

通过相关文献梳理可以发现，现有的国内外相关研究均对企业创新网络和突破性技术创新、创新绩效之间的关系进行了实证分析，研究结果表明二者之间存在紧密联系，而且企业创新网络对突破性技术创新和创新绩效之间具有一定程度的积极作用（Zeng & Xie，2010；潘松挺和郑亚莉，2011）[192,193]。一方面从资源和能力基础理论来看，资源和能力的不同是促成企业所产生的技术创新绩效不同的核心要素，离开资源及其能力谈创新无异于空中楼阁[194]。通过熊彼特的创新理论可以发现知识在创新过程中的重要作用[195]，对知识的获取和使用是资源观和能力观所讨论的重点[196]。智力资本指的是企业无形资产的综合，强调对知识的使用和利用，发挥企业的知识资源的能力获取竞争优势，能为创新网络的参与者创造价值[197]，特别是基于创新网络所获取的和技术创新相关的异质性强的资源，可以大大激发企业的技术创新能力[198]。

另一方面一些学者从智力资本理论的角度上看，知识的管理过程和企业的突破性技术创新关系密切，例如：刘海运和游达明（2011）[199]认为突破性技术创新是知识积累和转换的过程，加强企业的知识管理可以实现突破性技术创新。利塔拉和奥兰德（Ritala & Olander, 2015）[200]通过实证检验企业外部知识共享对创新绩效的影响，认为外部知识共享对创新绩效有正面影响，这些结果有助于理解与外部知识共享有关的潜在的积极和消极问题。亚亚瓦兰和陈（Yayavaram & Chen, 2015）[201]认为现有领域的知识之间的耦合变化会伤害创新成果，但是当领域复杂度高时，耦合新的和现有领域的知识会导致结果的改善。罗洪云和张庆普（2016）[202]运用知识管理相关理论构建了新创科技型小企业突破性技术创新能力。张慧颖和吕爽（2014）[203]通过研究智力资本、创新类型和产品创新绩效关系得出智力资本四个维度对创新绩效的关系，并且研究了其对渐进性创新和突破性创新的作用。印金宁（Inkinen, 2015）[204]的研究表明智力资本主要通过互动，组合和调解影响公司创新绩效。此外，还有大量的证据表明智力资本与企业创新绩效之间存在显著的关系。

无论是从资源和能力视角还是从智力资本视角都为创新网络和突破性技术创新绩效二者之间的关系提供了理论基石。但是现有的研究仍需要进一步探究创新网络中知识管理如何才能发挥智力资本的能力促进企业实现突破性技术创新，所以将探讨企业创新网络、智力资本、突破性技术创新绩效三者之间的整体关系，特别是理清智力资本在其中所起到的作用，具体的研究框架如图3.1所示。

图3.1　创新网络对突破性技术创新绩效影响机制的理论框架

3.1.2 突破性技术创新绩效构念及测量指标

本书的被解释变量是突破性技术创新绩效，突破性技术创新绩效和一般的技术创新绩效的本质区别在于其显著的突破性技术创新的特征，这也是突破性技术创新过程中主要衡量点，既要具有一般技术创新绩效的共性，也要拥有自我的个性，这样才能够充分地体现出突破性技术创新绩效。关于突破性技术创新绩效的衡量研究较少，本书将突破性技术创新和创新绩效的测量结合到一起，结合研究专家及实践专家的研究对突破性技术创新绩效进行测量。

对于创新绩效，斯胡等（Sidhu et al.，2007）[205]使用新产品数量、销售回报率和资产回报率来衡量创新。莱波宁和赫法特（Leiponen & Helfat，2010）[206]使用新产品销售额占总产品销售额的比重及新技术的引入来衡量创新。徐建中和徐莹莹（2017）[207]使用近三年申请专利数比例、产品创新比例和工艺创新比例三个指标来衡量创新绩效。

对于突破性技术创新和技术创新绩效，潘松挺和郑亚莉（2011）[192]运用新产品、新市场和新的业务领域来衡量。谢洪明等（2014）[208]用产品创新绩效和工艺创新绩效来衡量。曾德明和周涛（2015）[209]使用研发投入来研究技术创新绩效。邵云飞和庞博（2017）[210]运用新产品、工艺或服务来衡量。

结合学者的研究及理论和实践专家的意见，本书将使用直接绩效和间接绩效共七个题项来测量突破性技术创新绩效，具体见表 3-1。

表 3-1　　　　　　　　　变量测量——突破性技术创新绩效

测度题项		测度条款	测度依据
突破性技术创新绩效	B11	本企业能够不断地推出全新产品	Sidhu 等（2007）、Leiponen & Helfat（2010）、徐建中和徐莹莹（2017）、潘松挺和郑亚莉（2011）、谢洪明等（2014）、曾德明和周涛（2015）、邵云飞和庞博（2017）
	B12	本企业能够不断地推出全新的技术	
	B13	本企业开发的新产品和新技术的周期和费用在不断减少	
	B21	本公司开发的新产品和新技术促进了市场占有率的不断提高	
	B22	本公司开发的新产品和新技术促进了销售量的不断提高	
	B23	本公司开发的新产品和新技术促进了企业利润的不断提高	
	B24	本公司开发的新产品和新技术促进了企业知名度的不断提高	

3.1.3 创新网络相关构念及测量指标

本书的解释变量指的是高新技术企业创新网络，包括结构嵌入和关系嵌入两个维度。本书采用常用的自我中心网络分析法，对被参与调研者只要求回答其与企业创新网络相关的主要联系及特征并回答其对企业创新网络的成员个体特征及其相互之间的关系。关于对企业创新网络相关题项近些年已经得到了学者们的大量研究。所以本书主要是参考以前学者的题项，再结合高新技术企业具有的特征来对高新技术企业创新网络进行测量。

1. 结构嵌入维度

结构嵌入指的是企业所在网络中所处的整体位置，用网络规模、网络密度和网络中心性来对其进行评价。通过结构嵌入可以反映网络的结构对企业创新绩效的影响情况。

（1）网络规模指的是创新网络中网络参与者之间的连接总和。虽然不同学者从自己的研究角度出发，所涉及的具体题项有所不同，但是均是从参与企业与网络其他参与者直接的联系数来度量。例如，曾等（Zeng et al.，2010）[193]、张方华（2010）[211]、格布雷耶苏和莫南（Gebreeyesus & Mohnen，2013）[212]、于明洁等（2013）[213]、魏江等（2014）[214]主要运用网络伙伴的数量及联系来度量网络规模。

（2）网络密度指的是网络的实际连接数和网络的最大可能连接数之比。其体现了创新网络的紧密性，一般有通过计算和调研问卷访谈两种形式获取，但是指标的衡量方式大体相同，例如窦红宾和王正斌（2010）[215]、鲍姆等（Baum et al.，2014）[216]、Tan等（2015）[217]、王聪等（2017）[218]等通过该企业与其他企业的合作数量及网络内的同行业相比来度量网络密度。

（3）网络中心性指的是企业在网络中所占据的中心位置，体现了企业在网络中的地位和权利。网络中心性的衡量方式也主要有两种方式，与网络密度相同，一种是通过软件直接计算；另一种是通过访谈和调研问卷获取，评价方式大致相同，例如舒（Shu，2014）[219]、卡尔纳布奇和迪奥格（Carnabuci & Diószegi，2015）[220]、张辉华和黄婷婷（2015）[221]、辛格（Singh，2016）[222]、高太山和柳卸林（2016）[223]、Qi等（2017）[224]和徐露允等（2017）[225]等均运用网络企业在网络中的主导性和所处位置来度量。

本书主要通过问卷调研的方式来获取研究数据，主要从政府、行业协会、高校、科研机构、金融机构、中介机构、上下游企业、同行业企业八个方面对其网络规模、网络密度和网络中心性进行测量，具体如表3-2所示。

表3-2 变量测量——高新技术企业创新网络的结构嵌入

测度题项		测度条款	测度依据
网络规模	A11	本公司与很多上下游企业有合作	Zeng等（2010）、张方华（2010）、Gebreeyesus & Mohnen（2013）、于明洁（2013）、魏江等（2014）
	A12	本公司与很多同行业及其他行业企业有合作	
	A13	本公司与很多高校、科研机构合作	
	A14	本公司与很多政府部门及行业协会有合作	
	A15	本公司与很多金融机构及中介机构有合作	
网络密度	A21	相对于网络内同行业企业，与本公司合作的上下游企业更多	窦红宾和王正斌（2010）、Baum等（2014）、Tan等（2015）、王聪等（2017）
	A22	相对于网络内同行业企业，与本公司合作的同行业及其他行业企业更多	
	A23	相对于网络内同行业企业，与本公司合作的高校和科研机构更多	
	A24	相对于网络内同行业企业，与本公司合作的政府部门及行业协会更多	
	A25	相对于网络内同行业企业，与本公司合作的金融机构及中介机构更多	
	A26	相对于网络内同行业企业，本公司实际存在的联系数量占可能联系数量的比例更高	
网络中心性	A31	本公司在业内知名度高	Shu（2014）、Carnabuci & Diószegi（2015）、张辉华和黄婷婷（2015）、Singh等（2016）、高太山（2016）、Qi等（2017）、徐露允等（2017）
	A32	本公司在创新合作中占据主导和主动位置	
	A33	很多企业会主动和本公司进行技术合作	
	A34	很多企业会向本公司寻求技术支持	

2. 关系嵌入维度

关系嵌入是创新网络的重要特征之一，因为企业不可能脱离关系而存在，均是镶嵌在社会关系中。对关系嵌入最先用交互频率、亲近测度及互惠性进行度量，随后的学者不断对其进行研究，但是基本上差别不是很大，例如刘学元等（2016）[15]、扎克和希尔（Zach & Hill，2017）[226]、朱贻文等（2017）[227]等都从联系强度、联系密度、联系持久性、信任度和互惠性等对其进行度量。本书将根据已有研究再结合高新技术企业特征，选取关系强度 [（Partanen，2014)[228]、（曾德明等，2015)[229]、（Meng & Cao，2017)[230]、（戴海闻等，2017)[231]]，关系稳定性 [（原毅军等，2013)[232]、（于森，2014)[233]、（刘雪锋等，2015)[234]、（刘学元等，2016)[15]] 和互惠性 [（林昭文等，2013)[235]、（Yesil et al.，2013)[236]、（郑继兴和刘静，2015)[237]]，使用在结构嵌入的六个对象对创新网络的关系嵌入中的关系强度和关系稳定性进行度量，选取企业和网络中合作对象的信任、资源共享及利益相关性对互惠性进行度量，具体见表3－3。

表3－3　　　　　　　　变量测量——高新技术企业创新网络的关系嵌入

测度题项		测度条款	测度依据
关系强度	A51	相对于网络内同行业企业，本公司与上下游企业的合作更频繁	Partanen（2014）、曾德明等（2015）、Meng & Cao（2017）、戴海闻等（2017）
	A52	相对于网络内同行业企业，本公司与同行业及其他行业企业合作更频繁	
	A53	相对于网络内同行业企业，本公司与高校及科研机构合作更频繁	
	A54	相对于网络内同行业企业，本公司与政府部门及行业协会合作更频繁	
	A55	相对于网络内同行业企业，本公司与金融机构及中介机构合作更频繁	
关系稳定性	A61	本公司有稳定的上下游合作企业	原毅军等（2013）、于森（2014）、刘雪锋等（2015）、刘学元等（2016）
	A62	本公司长期与很多同行业及其他行业企业合作	
	A63	本公司长期与很多高校、科研机构合作	
	A64	本公司长期与很多政府部门及行业协会合作	
	A65	本公司长期与很多金融机构及中介机构合作	
互惠性	A71	本公司与合作伙伴相互信任	林昭文等（2013）、Yesil等（2013）、郑继兴和刘静（2015）
	A72	本公司与合作伙伴共享资源	
	A73	本公司与合作伙伴利益相关	

3.1.4 智力资本构念及测量指标

本书的中介变量是智力资本。智力资本是对企业无形资产，尤其是知识的整合。智力资本是企业在经营过程中的日常经营积累而成，无法在要素市场的直接获取的特征使得其强调对知识的获取和管理。公司的智力资本形成并开始为企业创新价值时，其在知识的管理和传播中便具有了优势。在测量方法的选择上一般有主观和客观两种评价方法，客观评价方法主要是通过财务报表进行指标运算得到智力资本相关系数；主观评价方法主要是通过问卷调研等方式获得被参与者调研者对问题的主观评价。例如秦剑（2011）[238]、马北玲等（2012）[239]、德尔加多－沃德（Delgado－Verde，2017）[240]及孙善林和彭灿（2017）[241]等。本书将从人力资本、结构资本和关系资本三个维度对智力资本进行度量，具体见表3－4。

表 3－4 变量测量——智力资本

测度题项		测度条款	测度依据
人力资本	C11	本公司员工的专业技能娴熟	钱晓烨等（2010）、朱承亮等（2011）、赵爽等（2015）、D'AMORER 等（2017）
	C12	本公司员工的流动性较低	
	C13	本公司员工的创新能力较强	
结构资本	C21	本公司组织结构比较完善	Filieri & Alguezaui（2014）、付向梅和曹霞（2015）、Khan 等（2017）、刘国巍（2017）
	C22	本公司的企业文化比较有活力和创造性	
	C23	本公司的规章制度有利于专利等创新知识的管理	
关系资本	C31	本公司与上下游企业合作良好	陈爽英等（2010）、刘衡等（2010）、Agostini 等（2017）杨晓艳和顿妍妍（2017）
	C32	本公司与很多同行业及其他行业关系融洽	
	C33	本公司与很多高校及科研机构合作良好	
	C34	本公司与很多政府部门及行业协会关系融洽	
	C35	本公司与很多金融机构及中介机构关系融洽	
	C36	本公司能从合作伙伴中获取到很多有价值的信息	

（1）人力资本主要指的是体现在企业员工身上的知识，例如技能，经验等。关于人力资本的测量主要参考钱晓烨等（2010）[242]、朱承亮等（2011）[243]、赵爽等（2015）[244]、德阿莫尔等（D'AMORE R et al.，2017）[245]，从员工的专业技

能、流动性及创新能力方面进行度量。

（2）结构资本使得企业的人力资本实现隐性知识向显性知识的转变，实现企业员工知识的融合和提升。结构资本的测量主要参考菲列里和阿尔古埃扎伊（Filieri & Alguezaui，2014）[246]、付向梅和曹霞（2015）[247]、可汗等（Khan et al.，2017）[248]、刘国巍（2017）[249]，对结构资本从组织结构、企业文化和公司制度三个方面进行度量。

（3）关系资本指的是企业在和其他主体合作和互动过程中所形成的资本。关系资本可以用客户资本来形容，不但包含了供应链上游客户资本也涵盖了供应链下游客户资本和其他客户资本。关系资本的测量主要参考陈爽英等（2010）[250]、刘衡等（2010）[251]、阿戈斯蒂尼（Agostini，2017）[252]及杨晓艳和顿妍妍（2017）[253]，从创新网络中和企业有关联的八个方面对关系资本进行度量。

3.1.5 控制变量选择及测量指标

高新技术企业突破性技术创新过程具有复杂的特性，而且突破性技术创新绩效会受到多种内外部因素的影响，除了本书所探讨的高新技术企业创新网络、智力资本，还会受到其他一些外部因素的作用，为了保障研究的可靠性，有效地探讨高新技术企业创新网络对突破性技术创新绩效的影响，需要对其产生影响的外部影响因素加以控制。本书主要涉及的外部控制变量有企业成立年限和企业规模。

（1）企业成立年限对创新网络、智力资本和突破性技术创新绩效的影响主要体现在：一般而言，成立时间越长的企业，所积累的知识和经验越丰富，对创新网络的融入性也就越高，对网络中知识和资源的使用和控制能力也就越强，由此产生突破性技术创新绩效的可能性也就越高。所以本书选取高新技术企业，并按照成立的年限不同分类。

（2）企业规模对创新网络、智力资本和突破性技术创新绩效的影响主要体现在：一般而言，企业规模越大，企业的发展前景相对来说就越好，企业所拥有的资源及对资源的利用程度和创新能力相对较高。但是也有研究表明高新技术企业中，中小企业的创新活力更高。现有研究主要采用员工数指标对企业规模进行测量，本书借鉴洪茹燕（2012）[254]采用员工数对企业规模进行度量。

一般来说，企业所处行业类型的不同会具有不同的行业环境、行业需求和行业技术及行业的组织形式。它们均会对创新网络及突破性技术创新绩效产生影响,而且使用的技术高低也会对突破性技术创新绩效产生影响,由于本书研究对象限定为高新技术企业,因而企业所处行业类型将不作为控制变量。

3.2 影响机制相关研究假设

3.2.1 创新网络与突破性技术创新绩效

创新网络是创新主体(企业、高校、科研机构、政府、金融机构和中介机构)为了实现创新而产生联系的社会网络,企业创新网络指以企业为中心而产生的合作关系,是促进综合技术及提升创新力量的有效组织[255]。同时创新网络也反映了网络嵌入理论的观点,即任何组织或者个人都不是完全独立于社会关系之外的,而是嵌入在多种社会关系之中[197],该网络主体就包含了创新网络的创新主体。

创新网络的产生在于企业无法获取维持其自身竞争力的所有资源,所以需要与网络中的其他合作者共享信息和资源,从而整合内外部资源使得企业不断提升自身创新能力,创造出更多创新绩效,所以网络的嵌入性可以促进网络参与者尤其是企业的突破性技术创新绩效有所提高,国内外学者也验证了该观点。例如:曾(Zeng,2010)[193]的研究认为企业间合作、与中介机构的合作,以及与研究机构合作的创新网络对中小企业的创新绩效有着显著的正向关系,其中企业间合作创新网络对中小企业创新绩效影响最为显著。曾攀(2011)[256]研究了企业创新网络特征与突破性技术创新绩效关系。林(Lin,2012)[257]研究了联盟网络对创新绩效的影响。李占强(2014)[258]研究了网络能力、网络结构与中国制造业突破性技术创新的关系。范钧等(2014)[259]研究了网络能力与突破性创新绩效之间的关系。鉴于高新技术企业高风险、高成本、周期长等特征,再结合突破性技术创新所具有的投资大等不确定因素,所以深入研究高新技术企业创新网络对突破性技术创新绩效二者之间的关系更有必要。

创新网络属于社会网络的一种,对社会网络的分析框架是在嵌入性理论的基础上建立的,现有关于嵌入性理论的研究框架主要有四种[260]:格兰诺维特(Granovetter)的二维度模式[197];佐京和迪马吉奥(Zukin & Dimaggio)[261]的四维度模式、纳比特和戈沙尔(Nahapiet & Ghoshal)[48]的三维度模式;以及安德森、福斯格伦和霍姆（Andersson，Forsgren & Holm）[262]的二维度模式。其中格兰诺维特的二维度模式及纳比特和戈沙尔的三维度模式使用频率最高，在学者研究中的认可度也最高，但是目前就哪一种模式最适用网络研究并没有统一的说法。并且纳比特和戈沙尔的三维度模式也是在格兰诺维特的二维度模式的基础上衍生出来的，所以本书使用格兰诺维特的二维度模式来度量高新技术企业创新网络，将高新技术企业创新网络从结构嵌入维度和关系嵌入维度两方面来研究其与突破性技术创新绩效的关系。

1. 结构嵌入维度与突破性技术创新绩效

结构嵌入指的是企业在其所嵌入的网络中所处的位置，以及其在网络的知识、信息及资源的流动过程所发挥的作用，通常情况下使用网络规模、网络密度和网络中心性来研究网络的结构嵌入。

（1）网络规模指的是网络中所涉及的参与者的多少及连接的数量，网络中的参与者越多，相互之间的连接越多则网络的规模就越大，那么这就意味着网络的参与者之间建立的联系广泛，有利于企业获取所需的信息、知识和技术，从而为企业突破性技术创新的产生提供更多有利的条件，因此一般而言网络规模对创新绩效会产生正向作用。例如曾等（2010）[193]、张方华（2010）[211]、任胜钢等（2011）[263]、普伦和威德（Pullen & Weerd，2012）[264]、格布雷耶苏和莫南（Gebreeyesus & Mohnen，2013）[212]、解学梅（2013）[134]、于明洁等（2013）[213]、魏江等（2014）[214]，均验证了网络规模和企业创新绩效之间的关系。

（2）网络密度指的是网络的实际连接数和网络的最大可能连接数之比。网络密度越大则意味着网络的实际连接数在网络的最大可能连接数中占比越高，说明网络参与者之间的连接度就越高，网络的参与者之间合作密切。网络参与者合作密切是因为合作有利于网络参与者之间创新绩效的产生。很多研究也验证了二者之间的关系，例如：窦红宾和王正斌（2010）[215]、谢洪明等（2011）[265]、曾德明等（2012）[266]、鲍姆（Baum，2014）[216]、泰恩（Tan，2015）[217]、赵（Zhao，2015）[265]、赵炎（2013[268]，2015[269]，2016[270]）、王聪等（2017）[218]。

（3）网络中心性指的是企业在网络中所占据的中心位置，体现了企业在网络中的地位和权利。企业在网络中所处的位置越高，则越有利于获取创新所需的资源和能力，所以国内外很多学者研究表明了网络中心性和创新绩效之间的关系，例如舒（Shu，2014）[219]、卡尔纳布奇和迪奥格（Carnabuci & Diószegi，2015）[220]、张辉华和黄婷婷（2015）[221]、辛格（Singh，2016）[222]、高太山

（2016）[223]、齐等（2017）[224]和徐露允等（2017）[225]。

据此提出以下研究假设：

假设 1a　网络的结构嵌入维度对突破性技术创新绩效具有显著正向影响。

2. 关系嵌入维度对突破性技术创新绩效

关系嵌入指的是创新网络主体在创新网络中建立起来的具有人格特征的关系，可以用关系强度、关系稳定性和互惠性等来对其进行衡量。国内外学者均支持创新网络的关系嵌入对创新绩效会产生作用，有的学者认为强关系会促进绩效的提高，有的认为弱关系会促进绩效的提高，有的提出了关系嵌入对绩效产生影响的倒 "U" 模型。本书将从关系强度、关系稳定性和互惠性三个方面展开网络的关系嵌入维度对突破性技术创新绩效的影响研究。

（1）关系强度指创新网络中的企业同网络的其他参与者之间连接关系相对于同行业的密切程度，该关系越密切则说明该企业同网络中其他参与者之间的合作越紧密，越有利于企业在行业中获取竞争优势，例如曾德明等（2015）[229]、刘学元等（2016）[15]、张惠琴等（2016）[271]、戴海闻等（2017）[231]、孟和曹（Meng & Cao，2017）[230]及扎克和希尔（Zach & Hill，2017）[226]。但同时也有研究认为关系越强反而会阻碍创新的传播和扩散。例如帕尔塔宁（Partanen，2014）[228]、朱贻文等（2017）[227]。也有学者基于关系强弱维度构建其与创新绩效的耦合机制，例如何郁冰和张迎春（2015）[272]。

（2）关系稳定性指网络中的企业与网络中的其他参与者之间建立或退出联系的频率。越稳定的关系则代表网络中的企业和其他参与者合作的越持久，会降低企业的成本，提升企业对创新的反应能力。所以学者们一般认为网络的关系稳定性对创新绩效具有促进作用，例如原毅军等（2013）[232]、于淼（2014）[233]、刘雪锋等（2015）[234]、刘学元等（2016）[15]等。

（3）互惠性指网络中的企业与网络中的其他参与者之间的相互受益程度，它越高说明网络中企业与其建立关系的其他参与者之间的相互比较重要。互惠性从某种意义上说明了合作主体的不可替代性，这对企业创新绩效来说会产生促进作用，例如：潘松挺和蔡宁（2010）[273]在格兰诺维特提出互惠性的基础上将其作为关系强度指标进行研究。菲尔普斯（Phelps，2010）[274]和林昭文等（2013）[235]研究了互惠性对创新绩效的积极影响。叶伊尔（Yeşil，2013）[236]和耿合江（2014）[275]研究了互惠性对企业创新管理的促进作用。郑继兴和刘静（2015）[237]研究表明了互惠性对中小企业创新绩效的促进作用。

据此提出以下研究假设：

假设1b　网络的关系嵌入维度对突破性技术创新绩效具有显著正向影响。

3.2.2　智力资本与突破性技术创新绩效

智力资本和企业创新息息相关，本书着重于探讨企业的智力资本是否为企业创造价值，突出企业的创新能力和知识创造能力，所以研究认为智力资本是对企业无形资产的整合。智力资本是企业在经营过程中的日常经营积累而成，无法在要素市场直接获取的特征使得其强调对知识的获取和管理。公司的智力资本形成并开始为企业创造价值时，其在知识的管理和传播中便具有了优势。而且很多研究也验证了智力资本对突破性技术创新绩效的影响，例如秦剑（2011）[238]、马北玲等（2012）[239]、德尔加多－沃德（Delgado－Verde，2017）[240]及孙善林和彭灿（2017）[241]。

本书在已有学者的研究基础上，结合研究内容主要从人力资本、关系资本和结构资本三个方面对智力资本进行研究。

1. 人力资本与突破性技术创新绩效

人力资本主要指的是体现在企业员工身上的知识，例如技能、经验等。在"人是第一生产力"的大环境下，企业的发展离不开人，人在其中起着关键作用，人力资本是企业智力资本中的重要组成部分。创新的发展得益于知识的提升，尤其是具有难模仿性和替代性的隐性知识的提升。许多研究中都将人作为创新输入的第一要素，企业的研发等均是在人力资本的管理和运用上获得的。人力资本是企业隐性知识产生的重要媒介和载体，创新绩效的增加需要人力资本的增加，但是人力资本的不断增加会给企业的运营带来较大的成本压力，同时外部知识的大量融入也会给企业的内部知识带来冲击。创新的规模效应会在一定程度上影响人力资本对突破性技术创新绩效的产生（Subramaniam & Youndt，2005[276]）。但是人力资本属于员工所有资本，并不是一直为公司所有，所以企业需要优化人力资本管理，降低优秀人才的流动率。同时需要规避规模不经济对突破性技术创新的影响，寻求适合自身发展的人力资本结构。据此提出以下研究假设：

假设2a　人力资本对突破性技术创新绩效呈倒"U"型影响。

2. 结构资本与突破性技术创新绩效

结构资本和人力资本最明显的区别就是，人力资本是无法在没有员工的情况下被企业所有，但是结构资本则是一直为企业所有。结构资本可以将企业员工所具有的知识和技能等人力资本通过编码、转换等一系列体制化的程序将员工的人力资本存储在企业的数据库中，使得企业的人力资本实现隐性知识向显性知识的转变，实现企业员工知识的融合和分析。相比较人力资本，企业能更好控制结构资本。关于结构资本的研究也有很多，例如菲列里和阿尔古埃扎伊（Filieri & Alguezaui，2014）[246]、付向梅和曹霞（2015）[247]、可汗（Khan，2017）[248]、刘国巍（2017）[249]。这些研究都说明了结构资本对创新及创新绩效所起到的作用：一方面结构资本可以为创新的产生及扩散提供有利的环境，促进创新持续增长，提高企业的生产效率和企业员工的创新积极性；另一方面随着结构资本的不断完善和稳定，企业会基于惯性无法突破现有的创新模式，导致突破性技术创新的受阻，不利于企业员工的进一步发展，进而会出现人才流失、知识产权保护不力的情况，从而抑制突破性技术创新的发展。据此提出以下研究假设：

假设 2b　结构资本对突破性技术创新绩效呈倒"U"型影响。

3. 关系资本与突破性技术创新绩效

关系资本指的是企业在和其他主体合作和互动过程中所形成的资本。现在随着市场和技术的发展，创新需要不同创新主体的通力合作才能完成，所以与其他创新主体合作已经成为主要的创新模式，例如创新联盟、合作创新等均是近些年创新的主要模式。通过与其他创新主体合作可以获取企业所需资源并能够为企业带来创新知识和创新资源。而且随着关系资本的增加，对关系资本的管理的研究也逐渐展开。

关系资本可以用客户资本来形容，不但包含了供应链上游客户资本也涵盖了供应链下游客户资本和其他客户资本，现有关系资本的研究均探讨了其与创新绩效的关系，大部分学者认为关系资本会促进创新绩效的产生，例如陈爽英等（2010）[250]、刘衡等（2010）[251]、阿戈斯蒂尼（Agostini，2017）[252]、杨晓艳和顿妍妍（2017）[253]。据此提出以下研究假设：

假设 2c　关系资本对突破性技术创新绩效具有显著正向影响。

3.2.3　创新网络与智力资本

智力资本主要侧重于企业内外部知识的流动和管理，创新网络的形成是以创新为目的建立起来的网络，网络中最主要的便是创新知识的产生、流动和扩散。

所以创新网络和智力资本之间必然有所联系，而且企业智力资本的发展对企业创新网络的完善也具有重要作用。智力资本中的关系资本和结构资本主要是依托知识而建立的，所以研究智力资本，需要重视创新网络的发展，需要重视其所产生的影响。

1. 结构嵌入维度与智力资本

结构嵌入维度包含网络规模、网络密度和网络中心性。企业所在的创新网络具有丰富的资源，也包含了企业所需要的关键资源。网络的规模越大则意味着参与到创新网络的参与者越多，那么网络中所具有的资源也就多样，网络中具有知识和技能的人才就越多元，对于企业所需要的专业人才的满足度也就越高。同时企业会倾向于和网络中的参与者协同合作，网络中的关系会越来越密切，由此所带来的智力资本中的人力资本、关系资本也就越丰厚；网络密度越高说明网络参与者彼此之间联系越紧密，那么企业和其他网络参与者共享知识和信息的机会的能力也就越高，由此会为企业带来更多所需要的人力、关系和结构等资本；企业在网络中的中心性越强，则企业在网络中所处的地位越高，对网络中资源的控制能力也就越强，企业所需要的资源可以优先为企业所用，为企业带来更多的智力资本。据此提出以下研究假设：

假设 3a　结构嵌入维度对企业智力资本具有显著正向影响。

2. 关系嵌入维度与智力资本

企业所处的环境及自身的能力可能使其面临着社会较低认知和发展的较多不确定的影响，企业需要和外部相关机构产生联系进而克服企业发展的风险，使其得到社会的认可，所以需要通过企业所处的创新网络的关系嵌入使得企业获取智力资本，突破其自身的障碍，推动突破性技术创新绩效的发展。

对于创新网络中的相关政府机构、金融机构和中介机构来说，企业需要加强和它们之间的持久而紧密的联系，使得企业能够得到它们的认可，从而获取所需要的知识和信息资源、资本资源和其他资源，从而可以在突破性技术创新发展的过程中降低合规阻碍。

对于企业供应链的上下游客户来说，企业需要密切与其之间的联系，获取市场和供应商及时而有效的信息，使得企业的创新更能贴合市场需求，最大限度地贴合创新的预期进而降低创新的风险。

对于创新网络的其他参与者来说，加强与他们的关系连接可以增加他们对企业的认可，强化对企业创新的信任，使他们更倾向于向企业提供创新所需要的资源和信息，降低企业的创新成本和交流成本。

由此可以看出关系嵌入可以为企业带来更多的人力资本、关系资本和结构资本。据此提出以下研究假设：

假设 3b　关系嵌入维度对企业智力资本具有显著正向影响。

本部分在第 2 章文献综述的研究基础上，结合提出的初步理论框架，在进一步分析相关文献对初始理论框架进行更加细化的研究。通过相关文献梳理和分析，运用结构嵌入和关系嵌入两个维度来细化高新技术企业创新网络，并选择网络密度、网络规模和网络中心性对结构嵌入维度进行分析；选择关系强度、关系稳定性和互惠性来测量关系嵌入维度。并选取智力资本作为中介变量，从人力资本、结构资本和关系资本三个维度来测量智力资本，探索了高新技术企业创新网络通过智力资本提升突破性技术创新绩效的影响机制，从而构建出理论模型，具体如图 3.2 所示。

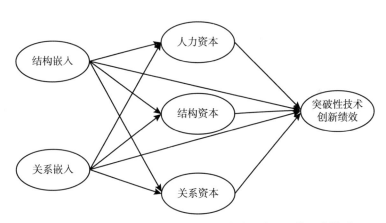

图 3.2　创新网络对突破性技术创新绩效影响机制的理论模型

通过文献梳理和理论分析，本章提出与理论模型相对应的理论假设，创新网络对突破性技术创新绩效具有显著的正相关影响：网络的结构嵌入维度对突破性技术创新绩效具有显著正向影响。网络的关系嵌入维度对突破性技术创新绩效具有显著正向影响。智力资本对突破性技术创新绩效具有显著影响，创新网络对智力资本具有显著影响，且智力资本在创新网络和突破性技术创新绩效之间起中介作用，具体见表 3 - 5。

表 3 – 5 　　　　创新网络对突破性技术创新绩效影响机制的研究假设汇总

假设	假设内容
H1	创新网络对突破性技术创新绩效的影响
H1a	网络的结构嵌入维度对突破性技术创新绩效具有显著正向影响
H1b	网络的关系嵌入维度对突破性技术创新绩效具有显著正向影响
H2	智力资本对突破性技术创新绩效的影响
H2a	人力资本对突破性技术创新绩效呈倒"U"型影响
H2b	结构资本对突破性技术创新绩效呈倒"U"型影响
H2c	关系资本对突破性技术创新绩效具有显著正向影响
H3	创新网络对智力资本的影响
H3a	结构嵌入维度对智力资本的影响
$H3a_{11}$	网络规模对人力资本具有显著正向影响
$H3a_{12}$	网络规模对关系资本具有显著正向影响
$H3a_{13}$	网络规模对结构资本具有显著正向影响
$H3a_{21}$	网络中心性对人力资本具有显著正向影响
$H3a_{22}$	网络中心性对关系资本具有显著正向影响
$H3a_{23}$	网络中心性对结构资本具有显著正向影响
$H3a_{31}$	网络密度对人力资本具有显著正向影响
$H3a_{32}$	网络密度对关系资本具有显著正向影响
$H3a_{33}$	网络密度对结构资本具有显著正向影响
H3b	关系嵌入维度对智力资本的影响
$H3b_{11}$	关系强度对人力资本具有显著正向影响
$H3b_{12}$	关系强度对关系资本具有显著正向影响
$H3b_{13}$	关系强度对结构资本具有显著正向影响
$H3b_{21}$	关系稳定性对人力资本具有显著正向影响
$H3b_{22}$	关系稳定性对关系资本具有显著正向影响
$H3b_{23}$	关系稳定性对结构资本具有显著正向影响
$H3b_{31}$	互惠性对人力资本具有显著正向影响
$H3b_{32}$	互惠性对关系资本具有显著正向影响
$H3b_{33}$	互惠性对结构资本具有显著正向影响

通过现有文献及以上分析表明,现今的企业不可能脱离于社会关系,同时也不可能活在真空之中。创新网络中的企业均会受到内外部环境及对外部知识识别、消化和应用能力的影响。为了探究在哪种情况下,创新网络会对突破性技术创新绩效产生比较好的影响,3.3 节将研究环境不确定性及吸收能力对创新网络与突破性技术创新绩效的调节作用。

3.3 环境不确定性和吸收能力调节效应理论分析

环境是企业创新网络得以建立和发展的基础,随着经济和技术的快速发展,环境的不确定性日益凸显,理论界和实务界均对环境不确定性的关注度越来越高。

3.3.1 环境不确定性的相关研究

1. 环境不确定性的含义

环境不确定的提出和发展经历了漫长的过程。首先是学者们对环境的认知,从 20 世纪初开始,不断有学者对风险和不确定性二者进行区分,例如邓肯(Duncan,1972)[277]对环境进行定义,认为环境是企业在作出决策时所面临的外部因素的综合,并将环境区分为内部环境和外部环境。后续学者将企业所面临的环境进行细分,推动了环境不确定性的进一步发展。关于环境不确定性的定义随着对环境认知的不断提高而不断发展。

2. 环境不确定性调节效应的相关研究

关于环境不确定的研究有两种情况:①作为中介变量,研究其是如何在解释变量和被解释变量之间起作用;②作为调节变量,研究环境不确定性会对解释变量对被解释变量的影响产生哪种作用。基于这两种情况,笔者通过阅读相关文献,发现较多的研究使用第二种情况,即将环境不确定性作为调节变量来研究。本书借鉴已往学者经验,探讨其对创新网络对突破性技术创新绩效的作用会产生哪种影响。

伦普金(Lumpkin,2001)[278]认为环境不确定性中敌对性的不确定越高,企业越愿意投资创新相关活动，以此来打败对手；有的学者认为环境不确定性中的动态性会促使企业在决策过程中注重收集外部环境信息并及时作出反应及创新；有的学者认为环境的不确定性会增加企业决策的风险性；有的学者认为环境的不确定性可以分为微观和宏观两种，而且微观和宏观的环境不确定对企业所产生的影响不同；有的学者认为环境不确定性会对企业创新绩效产生调节作用；有的学者认为环境不确定性会增加企业经营成本；有的学者认为环境不确定性对技术创新绩效会产生作用。

通过对已有学者关于环境不确定的研究可以看出，学者主要是从外部环境入手，探讨外部环境所产生的影响，侧重于对企业决策、创新等研究，并且关于调节作用的研究从动态性和敌对性评价的较多。

3. 环境不确定性维度

通过研究可以看出，关于环境不确定维度的研究已经实现了从单一维指标到多维指标的变化，具体维度的变化见表 3 – 6。

表 3 – 6 环境不确定性的维度研究

序号	维度
1	资源多样性
2	异质性和动态性
3	复杂性、变动性和流动性
4	动态性、难预测性和异质性
5	动态性、繁杂性和丰富性
6	动态性、复杂性和资源稀缺性
7	复杂性、动态性和敌对性等多个维度
8	敌对性和动态性
9	宽松性和动态性
10	复杂性和敌对性
11	复杂性、动态性和包容性
12	动态性、竞争性和异质性
13	动态性和敌对性

通过表 3 - 6 可以看出关于环境不确定的维度虽然多有不同，但是相同性也很高，使用频率最高的是动态性、复杂性和敌对性三个维度，而且从 2001 年开始关于环境不确定的评价维度多是动态性和敌对性。所以本书针对环境不确定性所选择的评价维度是动态性和敌对性。

3.3.2 吸收能力的相关研究

随着开放式创新及动态能力的不断发展，吸收能力在 20 世纪末开始得到了学者们的广泛关注，其在创新、组织管理等领域得到了广泛的应用。

1. 吸收能力的含义

吸收能力来源于经济学领域，在科恩和莱文塔尔（Cohen & Levinthal，1990)[71]在微观领域内使用吸收能力之前，其一直在宏观领域内关注于其对资源的吸收和应用的研究。科恩和莱文塔尔（1990）认为当企业的自我研发成本高于外部获取成本时候，企业会倾向于识别、获取和应用外部研发成果和资源，这种能力就是吸收能力。该定义得到了后来学者的认可。

2. 吸收能力调节效应相关研究

吸收能力主要研究的是对知识的获取、消化、转化和应用，所以关于吸收能力的研究较多是和研发、知识管理和创新等联系在一起。对吸收能力的探讨主要集中于三项[279]：①作为解释变量，研究其与被解释变量之间的关系。②作为中介变量，研究其是如何在解释变量和被解释变量之间起作用。③作为调节变量，研究吸收能力会对解释变量对被解释变量的影响产生何种作用。基于这三种情况，笔者通过阅读相关文献，结合研究目的，将吸收能力作为调节变量来研究。本书借鉴已往学者经验，探讨其对创新网络对突破性技术创新绩效的作用会产生哪种影响[280]。

钱锡红等（2010)[132]研究了吸收能力调节作用对企业网络位置和创新绩效的作用，使用知识获取、知识消化、知识转化和知识应用四维度对吸收能力进行多维度测量，得出吸收能力各维度对网络位置和创新绩效的作用不同，其中知识消化对结构洞和中心性起到了正向调节作用。陶锋（2011)[281]研究了关于国际代工联盟知识溢出的视角下的吸收能力、价值链类型与创新绩效三者之间的关系。运用问卷调查发现吸收能力对知识溢出和创新绩效的正向调节作用，说明了吸收能力可以增加二者之间的作用。解学梅和左蕾蕾（2013）[134]研究了企业协同创新网络特征与创新绩效中知识吸收能力所起到的中介效应研究，结果表明吸收能力对创新绩效呈现正向影响，并且在协同创新网络和创新绩效之间起部分中介效应。陶永明（2014）[282]从吸收能力视角研究了企业技术创新投入对技术创新绩效影响机理，通过分析发现吸收能力对企业技术创新能力和企业技术创新绩效具有正向影响。特纳和彭宁顿（Turner & Pennington，2015）[277]利用机会和能力框架来研究知识共享和组织学习，探讨吸收能力对复杂组织网络中企业创业和创新的影响。康青松（2015）[283]研究了吸收能力对国际企业绩效的影响，结果表明吸收能力对国际企业绩效产生正向影响，而且知识转移对绩效产生的影响主要是通过和吸收能力的交互作用而实现。

通过以上研究分析可以发现对吸收能力的研究目前主要使用多维变量来测量，使用调查问卷来获取所需数据，研究过程中对调节效应的探讨效果更明显，而且对网络和创新绩效的研究较多。

3. 吸收能力维度

关于吸收能力维度的研究近些年来也得到了不断的发展，具体研究的变化见表 3 - 7。

表 3 - 7   吸收能力的维度研究

序号	维度
1	认识、消化与知识利用
2	科研培训的投入与加强竞争力的经济政策
3	研发人员的投入
4	采用九个指标来测试吸收能力
5	效率、范围和灵活度
6	获取、消化、转化及利用
7	深度和广度
8	多维度量表
9	获取、消化、转化以及利用
10	科技推动和需求驱动
11	探索、转化和利用
12	实现吸收能力和潜在吸收能力

从以上研究可以发现吸收能力也实现了单一维度向多维度的转变，不过近些年的研究复杂性不断增加，所以用多维度表进行度量变得更加适用，本书将在前人研究的基础上结合多维量表对吸收能力进行度量。

3.3.3 环境不确定性的测量指标

环境不确定性指的是企业在经营过程中所面临的环境的动态性和敌对性。环境越动态多变、敌对性越强所面临的环境不确定性越大。环境的动态性指环境中无法预测的变化力，一般指顾客的偏好变化、竞争者的变化等（Miller，1983）；环境的敌对性指企业环境中的竞争情况及资源的稀缺性，一般指宏观环境中政治、经济、社会和技术环境的变化及行业的竞争激烈程度等（Lumpkin，2001）[276]。现有学者对环境不确定性的研究主要集中使用问卷调查的方式，通过确定测量题项，对相关被调研人进行问卷调研或访谈来获取所需要的环境不确定性变量的数据，本书拟将采用问卷调查的方法来对环境不确定进行测量。

根据研究内容及研究目的，对于环境不确定性调研问卷的测度拟使用国内外学者在研究中已经形成相对成熟的测量体系[284]，再结合研究内容和目的加以修改结合。具体见表3-8。

表 3-8   **调节变量的测量——环境不确定性**

测度题项		测度条款
技术不确定性	E11	本公司所在行业技术变化速度快
偏好不确定性	E12	本公司所在行业顾客的偏好总是在变化
竞争者不确定性	E13	本公司所在行业竞争者总是不断推出新产品
政策不确定性	E14	本公司所在行业政府会不断出台新政策或对现有政策进行调整

3.3.4 吸收能力的测量指标

吸收能力指的是企业对外部知识的获取、消化、转化和应用的过程，主要研究企业在经营过程中对知识的积累和使用所做的工作。目前学者对吸收能力测度的研究还尚未统一，对吸收能力的层次可以分为个人吸收能力和企业吸收能力两个层次。个人的吸收能力强调员工个人的知识和技术能力；企业的吸收能力强调的是组织整体对知识的吸收和运用能力，不仅仅是个人吸收能力的简单整合。本书研究企业层次的吸收能力。对吸收能力的测量主要有两种方法：一种是使用单一指标来衡量，另一种是采用问卷调查方法，采用多个题项通过调查和访谈的方式对吸收能力进行度量，本书采用问卷调查的方式来研究吸收能力。具体见表 3 – 9。

对于调研问卷的测度，吸收能力在国内外的学者中已经形成相对成熟的测量体系，本书主要在借鉴已有学者研究的基础上再结合研究内容和目的加以修改。王雷和王圣君（2015）[285] 用两大类指标，分别是潜在吸收能力和实现吸收能力来度量吸收能力。本书将借鉴该种方法，对吸收能力进行度量。

表 3 – 9   调节变量的测量——吸收能力

测度题项		测度条款
潜在吸收能力	D11	相对于网络内同行业企业，本公司更容易理解和分析外部知识及技术
	D12	相对于网络内同行业企业，本公司更容易从现有及潜在竞争对手中及时且连续获取相关信息和知识
	D13	相对于网络内同行业企业，本公司更容易吸收有用或有潜在价值的新技术和新知识
	D14	相对于网络内同行业企业，本公司更容易运用外部知识满足公司发展需要
实现吸收能力	D21	相对于网络内同行业企业，本公司更容易与研发机构合作开发新产品和新知识
	D22	相对于网络内同行业企业，本公司更容易将知识和技术用于开发新专利
	D23	相对于网络内同行业企业，本公司更容易运用员工的知识、经验及能力发现新的技术机会
	D24	相对于网络内同行业企业，本公司更容易利用新技术迅速适应市场变化

3.4 调节效应相关研究假设

本书引入吸收能力和环境不确定性作为两个调节变量来研究高新技术企业创新网络对突破性技术创新绩效的影响，以下就研究过程中所涉及的变量进行具体说明。

（1）在考量吸收能力和环境不确定对高新技术企业创新网络对突破性技术创新绩效的影响时，高新技术企业创新网络的结构嵌入（网络规模、网络密度和网络中心性）和关系嵌入（关系强度、关系稳定性和互惠性）作为研究的解释变量，突破性技术创新绩效（直接绩效和间接绩效）作为被解释变量。

（2）研究中涉及的控制变量仍为企业成立年限和企业规模。

（3）在调节效应验证过程中涉及高新技术企业创新网络和突破性技术创新绩效变量的测量参考第 4 章，此处不再赘述，接下来对环境不确定性和吸收能力的调节效应进行假设。

3.4.1 环境不确定性调节效应相关假设

1. 环境不确定性对结构嵌入与智力资本的调节作用假设

结构嵌入中网络规模、网络密度和网络中心性的不同，其对突破性技术创新绩效的作用情况也有所不同。网络中心性较高，则处于中心性位置的参与者占据优势资源，对网络起主导作用（解学梅和左蕾蕾，2013）[134]，同时对网络的依赖性比较高，当环境的不确定性增加的时候占据中心位置的参与者不会热衷于获取新知识，甚至会对新知识产生排斥，不利于智力资本的产生。网络规模较大时，网络中的参与者之间的连接较多；网络密度较高时说明网络参与者之间的实际连接数比较多，参与者之间比较紧密。当环境不确定因素增加时网络参与者的彼此利益和信任度会有所降低，合作次数将会减少。环境不确定性可能会对网络规模进行调整，一些参与者由于不确定性的增加而退出网络，这使得一些信息和资源流出，进而网络中心性将有所变动。据此提出以下关于环境不确定性对结构嵌入与智力资本关系的调节作用的相关假设。

假设 4a　环境不确定性越高，网络中心性对人力资本的影响越明显。

2. 环境不确定性对关系嵌入与智力资本关系的调节作用假设

关系嵌入中的关系强度、关系稳定性和互惠性的差异会对突破性技术创新绩效产生不同影响。关系稳定性越高、网络参与者之间的信任度也就越高，非冗余信息也就越少，当环境不确定性增加时，企业需求新技术和新市场，就需要打破稳定性，所以此时稳定性会阻碍智力资本的提升。关系稳定性和关系强度及互惠性具有一定的相关性，当网络处于强连接时，网络参与者之间彼此信任而且可预测性强，风险较低，关系稳定性强。当环境不确定性增加时，企业需要寻求新的资源和信息，现有网络的参与者无法提供这些信息使企业所需要的新思想、新技术得到满足，原有的模式会成为企业创新的阻碍，关系稳定性会降低智力资本。

互惠性较高时，网络参与者彼此依赖性较高，关系稳定性强，当环境不确定因素增加时，企业的适应性会变差，对信息和资源的获取能力降低，影响智力资本的提高。由此可见关系稳定性是关系嵌入的重要组成。据此提出以下关于环境不确定性对关系嵌入与智力资本关系的调节作用的相关假设。

假设4b 环境不确定性越高，关系稳定性对关系资本的影响越明显。

3.4.2 吸收能力调节效应相关假设

1. 吸收能力对结构嵌入与智力资本关系的调节作用假设

吸收能力主要是知识获取、消化、转化和应用的能力，使知识从隐性知识变成显性知识并为企业所用。当网络规模较高时，网络中的知识和信息就越多，此时如果企业的吸收能力较强，它可以运用自身良好的解码机制将网络中的信息变成企业的知识，形成创新所需要的资源，智力资本得以提升；如果企业的吸收能力较弱，则对知识的获取、整合、管理等能力不完善，无法实现隐性知识显性化，那么创新所需要的信息和资源就无法得到满足，智力资本就会降低。据此提出以下吸收能力对结构嵌入与智力资本关系的调节作用的相关假设。

假设5a 吸收能力越强，网络规模对结构资本的影响越明显。

2. 吸收能力对关系嵌入与智力资本关系的调节作用假设

关系嵌入中关系稳定性是关系嵌入的重要组成部分，且与关系强度和互惠性联系紧密。关系稳定性使得网络中的企业可以产生智力资本。当关系稳定性较高时，关系处于强关系时，网络的关系则相对比较稳定，互惠性较高，参与企业可以在该网络中获取更多的信息，但是此时冗余信息比较多，需要企业运用自身能力加以识别。当参与企业吸收能力高时，可以从冗余信息中识别出企业所需要的信息，再加以整合、管理和消化，最终形成企业智力资本所需要的创新知识，为企业智力资本作出贡献；反之若参与企业的吸收能力较弱，则有可能被过多的信息所迷惑，此时反而会出现多而不好的效果，参与企业的知识识别和整合能力导致企业无法获取到所需要的知识，一旦获取到不利于企业创新发展的信息，反而会影响企业智力资本的产生。据此提出以下吸收能力对关系嵌入与智力资本的调节作用的相关假设。

假设5b 吸收能力越强，关系稳定性对结构资本的影响越明显。

引入环境不确定性和吸收能力作为调节变量后，结合已有文献提出本书的假设 4 和假设 5，汇总见表 3 - 10。

表 3 - 10　　　　　　　　创新网络对智力资本调节效应的研究假设汇总

假设	假设内容
H4	环境不确定性对创新网络与智力资本之间的调节作用
假设 H4a	环境不确定性越高，网络中心性对人力资本的影响越明显
假设 H4b	环境不确定性越高，关系稳定性对关系资本的影响越明显
H5	吸收能力对创新网络与智力资本之间的调节作用
假设 H5a	吸收能力越强，网络规模对结构资本的影响越明显
假设 H5b	吸收能力越强，关系稳定性对结构资本的影响越明显

结合创新网络对智力资本调节效应的研究假设汇总表，可以构建引入调节变量后的高新技术企业创新网络对智力资本的理论模型，具体如图 3.3 所示。

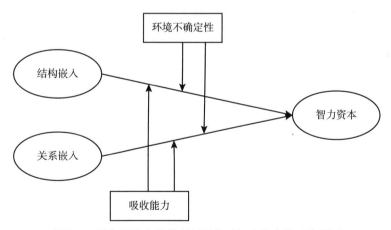

图 3.3　引入调节变量的创新网络对智力资本的理论模型

3.5　模型和假设汇总

通过分析创新网络对突破性技术创新绩效的影响，本书从两个部分展开：首先引入智力资本研究创新网络对突破性技术创新绩效的作用机制；其次研究环境不确定性和吸收能力在创新网络对突破性技术创新绩效的作用机制中所起的调节作用。针对这两个部分第 3 章从指标的测量、假设的提出及模型构建三个主要方面进行阐述，以下在前面研究的基础上就模型和假设进行汇总。

3.5.1 模型汇总

创新网络对突破性创新绩效的总模型如图 3.4 所示。

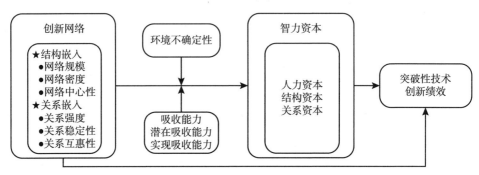

图 3.4 创新网络对突破性创新绩效的总模型

3.5.2 假设汇总

创新网络对突破性技术创新绩效的假设汇总见表 3 - 11。

表 3 - 11　　　　　　　创新网络对突破性技术创新绩效的假设汇总

假设		假设内容
H1		创新网络对突破性技术创新绩效的影响
	H1a	网络的结构嵌入维度对突破性技术创新绩效具有显著正向影响
	H1b	网络的关系嵌入维度对突破性技术创新绩效具有显著正向影响
H2		智力资本对突破性技术创新绩效的影响
	H2a	人力资本对突破性技术创新绩效呈倒 "U" 型影响
	H2b	结构资本对突破性技术创新绩效呈倒 "U" 型影响
	H2c	关系资本对突破性技术创新绩效具有显著正向影响

续表

假设		假设内容
H3		创新网络对智力资本的影响
	H3a	结构嵌入维度对智力资本的影响
	$H3a_{11}$	网络规模对人力资本具有显著正向影响
	$H3a_{12}$	网络规模对关系资本具有显著正向影响
	$H3a_{13}$	网络规模对结构资本具有显著正向影响
	$H3a_{21}$	网络中心性对人力资本具有显著正向影响
	$H3a_{22}$	网络中心性对关系资本具有显著正向影响
	$H3a_{23}$	网络中心性对结构资本具有显著正向影响
	$H3a_{31}$	网络密度对人力资本具有显著正向影响
	$H3a_{32}$	网络密度对关系资本具有显著正向影响
	$H3a_{33}$	网络密度对结构资本具有显著正向影响
	H3b	关系嵌入维度对智力资本的影响
	$H3b_{11}$	关系强度对人力资本具有显著正向影响
	$H3b_{12}$	关系强度对关系资本具有显著正向影响
	$H3b_{13}$	关系强度对结构资本具有显著正向影响
	$H3b_{21}$	关系稳定性对人力资本具有显著正向影响
	$H3b_{22}$	关系稳定性对关系资本具有显著正向影响
	$H3b_{23}$	关系稳定性对结构资本具有显著正向影响
	$H3b_{31}$	互惠性对人力资本具有显著正向影响
	$H3b_{32}$	互惠性对关系资本具有显著正向影响
	$H3b_{33}$	互惠性对结构资本具有显著正向影响
H4		环境不确定性对创新网络与智力资本之间的调节作用
	假设 H4a	环境不确定性越高，网络中心性对人力资本的影响越明显
	假设 H4b	环境不确定性越高，关系稳定性对关系资本的影响越明显
H5		吸收能力对创新网络与智力资本之间的调节作用
	假设 H5a	吸收能力越强，网络规模对结构资本的影响越明显
	假设 H5b	吸收能力越强，关系稳定性对结构资本的影响越明显

3.6 本章小结

本章在文献分析和述评的基础上，通过对理论框架的细化分析，提出五大假设，共27个分假设，并在此基础上构建细化的概念模型，这为后续章节的研究奠定了基础，接下来将通过数据收集及实证分析来验证该概念模型，研究高新技术企业创新网络对突破性技术创新绩效的影响机制。

第4章　研究方法设计

通过研究框架的提出、研究假设和研究理论模型的构建，本章需要采用适用的研究方法进行具体的实证分析和论证，该章主要就本书所采用的研究方法要点及研究方法设计展开分析和阐述。

4.1　研究方法要点分析

除控制变量外，本书主题所涵盖的变量均为不可直接观测变量，受制于研究变量的特性，问卷调查成为主要数据来源方式，而基于问卷数据的因子分析以及结构方程也是相关研究主要采用的量表分析与因果建模方法。尽管所涉研究方法已成为一种标准化方法，但在梳理各文献研究方法的实施细节时，笔者发现在四个影响统计推断结果与拟合模型准确性的关键问题上，仍有必要进行深入探讨。

4.1.1　抽样策略

抽样策略的选择不仅影响到数据收集方案的设计，更为关键的是其决定着所选用统计分析工具的适用性。在本书参阅的相关研究中，较为普遍的抽样策略为方便抽样与滚雪球抽样等非概率抽样，在预测问卷信效度检验以及最终问卷数据收集过程中，一般采用方便抽样策略，其抽样依据是为了避免因高科技企业自我保护意识引致随机抽样问卷回收率低的问题；尽管可以通过委托亲戚朋友、相关机构等多种途径发放问卷以确保数据收集的可靠性和代表性，尽管其罗列了样本企业的行业类别以及各类别百分比，但并未说明这与所选抽样框（笔者并未指明抽样框的概念，而是以长江三角洲城市本土集群企业为问卷发放对象，间接说明以上述对象为抽样框）特征的匹配性，难以对其所声称的抽样数据代表性与可靠性进行量化分析。

因数据获取的便利性以及数据收集方案设计的简易性，非概率抽样是一种从总体抽取样本的重要方法。非概率抽样常作为探索性研究的重要信息收集手段，采用非概率抽样研究的调查目标是对调查总体情况进行大致了解，不需要对目标变量的置信区间进行计算以及对总体特征进行统计推断。另外，由于样本抽取的随意性，调查员往往选择容易接触的对象进行数据收集，有选择性地将部分调查单元排除出调查范围，导致所获样本数据存在系统性偏差；尽管很多研究以"回收率"指标作为数据代表性的证明，但却忽视基于非概率抽样所获取的抽样数据所引致的选择性偏差。

经过上述分析可知，方便抽样等非概率抽样有利于低成本地获取总体大致信息，但由此所获取的数据具有不可测量且不可控的系统性偏差，抽样数据对抽样总体的代表性欠佳。在研究预算以及调查能力的约束下，如果牺牲数据代表性能够换取研究的顺利开展且研究目标并非对总体作出推断，那么非概率抽样仍然具有现实可取性。因而，接下来分析重点在于非概率抽样数据是否适用于因子分析以及结构方程建模，以及非概率抽样数据会引致因子分析以及结构方程模型的哪些基础假设被违背，而违背这些基础假设又会对统计推断产生怎样的影响。

在心理学、管理学等社会科学类研究领域中，量表的构念效度的验证主要依赖因子分析。因子分析本质是一种数据降维方法，即用少数不可观察的潜变量去描述原先多变量间的协方差关系。因子分析用于量表构念效度分析的核心思路，即验证同一构念的各题项是否能归结为相同成分。如果同一构念下某题项不能由相同成分解释，说明该量表构念效度不足，需要根据因子分析结果对量表题项进行调整，然后重新执行因子分析，直至所有题项归属成分与基于理论假设提出的构念相一致，此过程因此也被称为探索性因子分析（Exploratory Factor Analysis，EFA）。EFA 分为五个步骤，其中第一步即为样本数据因子分析适切性检验，通常采用的是 Kaiser – Meryer – Olkin 统计量（KMO 值），当 KMO 值大于 0.6 时被认为是勉强可以执行因子分析，对基于 KMO 值所反映的样本适切性的直观理解是只有相关性强的变量才有必要对其进行因子分析以提取公共因子。尽管 KMO 值被视为样本数据适切性指标，但样本数据通过 KMO 值检验，并非说明基于非概率抽样的样本数据适用于因子分析。为了说明这一点，查看 KMO 统计量的定义公式

$$MSA = \frac{\sum\sum\limits_{j \neq k} r_{jk}^2}{\sum\sum\limits_{j \neq k} r_{jk}^2 + \sum\sum\limits_{j=k} q_{jk}^2}$$

式中，MSA 即样本适切性度量指标（Measure of Sampling Adequacy），r_{jk} 为样本相关矩阵元素，而 q_{jk} 为反映象相关矩阵 $\boldsymbol{Q} = \boldsymbol{S}\boldsymbol{R}^{-1}\boldsymbol{S}$ 的元素，而 $\boldsymbol{S}^2 = [\mathrm{diag}(\boldsymbol{R}^{-1})]^{-1}$。

由上述分析可知，KMO 值测度的仅仅是样本变量间的相关性，并不能反映不同组观测值之间的独立性，而不同组观测值之间的独立性则是因子分析的基础假设。在应用统计分析中，经常会有基础假设被违背的情况发生，而某些统计模型会对特定基础假设具有鲁棒性，例如非正态分布的误差项并不会影响应用普通最小二乘法估计线性回归模型的参数，尤其是在样本量较大的情形下。然而，并非所有统计模型对所有基础假设都保持相同的鲁棒性，而大多数常用统计模型对于误差项的无自相关性假设具有极弱的鲁棒性，即误差项的非独立性会严重影响统计模型结果的可信性。

以正交因子模型 $X_{p*1} = \mu_{p*1} + L_{p*m}F_{m*1} + \varepsilon_{p*1}$ 为例，其中 X 为观测值，即一份问卷中某一测量指标（即变量）数据，该模型的基础假设之一为 $E(\varepsilon) = 0$，$\mathrm{Cov}(\varepsilon) = \boldsymbol{\Psi}$，其中 $\boldsymbol{\Psi}$ 为对角矩阵，即误差项（此处也常被称为特殊因子）无自相关性。对于误差项无自相关性的理解，是指每一个具体 ε_i 被视为从一个均值为 0、方差为 σ_i 的 ε_i 总体中通过有放回随机抽样的结果，观测数据间的独立性是这一假设得以成立的基础。针对该假设的违背引致的问题，作为因子分子分析参数估计的主要方法之一的主成分分析，大多数相关研究都要求假定观测值数据集的独立性，主成分分析的估计量的估计准确性是依赖于观测数据间的独立性，而当观测数据并非相互独立时，估计准确性是不可知的。

结构方程模型分为两个部分——测量模型与结构模型，其中测量模型是指潜变量的概念化，即如何被显性指标测量；而结构模型指潜变量间的关系。两部分都需要通过假设检验的方式来对关系或者变量与指标间的一致性程度进行验证，因而本质上属于验证式的模型分析，也曾被称为验证性因子分析（Confirmatory Factor Analysis，CFA）。CFA 最常用参数估计方法为极大似然法，其基础假设之一即数据集是随机抽取的。其实不仅仅是极大似然估计法，误差项的相互独立性是整个结构方程模型的基础，通过评估基于蒙特卡罗模拟的验证性因子研究，探究了误差项存在非独立性（即便线性相关性指标为 0）的影响，结果显示常用的极大似然估计法以及广义最小二乘法估计准确性很低，经常拒绝真实模型；而渐进自由分布法（Asymptotically Distribution – Free，ADF）估计准确性也很低，除非样本量达到 2500 以上。

综上所述，非概率抽样不仅会使得抽样样本存在系统性误差而且抽样误差不可控，还会因无法保障抽样样本的随机性使得抽样数据集间存在非独立性，严重影响量表分析中的 EFA 以及结构方程模型中的 CFA 结果的可信性。

4.1.2 非抽样误差

非抽样误差并非因抽样随机性产生，不会因样本量增大而减小；相反，在社会调查中，随着样本量增大，更多不可控的人为因素被引入，非抽样误差反而增大。非抽样误差的来源主要分为三大类，包括抽样框误差、无回答误差和计量误差，无论哪种误差项，非抽样误差主要会使理论无偏估计变为有偏估计，也就是说估计量估计目标并非总体真实值。

为量化非抽样误差的影响，以无回答误差为例，假设调查总体分为回答层和无回答层，其中对回答层和无回答层采用相同的抽样策略，在无回答层抽取到的都是无回答单元。设目标总体 $N = N_1 + N_0$，其中 N_1 表示抽样框中回答层的单元数，N_0 表示无回答层的单元数，$R_1 = N_1/N$ 表示回答率，$R_0 = N_0/N$ 表示无回答率。从总体中抽取 n 个简单随机样本，其中 n_1 来自回答层，n_0 来自无回答层。总体中无回答层均值的无偏估计为由 n_1 回答层样本计算的样本均值 $\bar{y}_1$，即 $E(\bar{y}_1) = \bar{Y}_1$，此时 $\text{Bias}(\bar{y}_1) = E(\bar{y}_1) - \bar{Y} = \bar{Y}_1 - (R_1 \bar{Y}_1 + R_0 \bar{Y}_0) = R_0 (\bar{Y}_1 - \bar{Y}_0)$。由上述分析可知，无回答引致的偏差来源于两个方面：一方面即无回答层和回答层中的期望差异 $\bar{Y}_1 - \bar{Y}_0$，即当回答层与无回答层单元的目标变量的数量特征没有明显差异时，可将无回答视为随机因素引起，此时无回答的影响并不严重，因为其不会使得估计变为有偏，但由于无回答使得实际样本数量降低，从而使得估计方差增大；另一方面即无回答率 R_0，当无法对 $\bar{Y}_1 - \bar{Y}_0$ 进行衡量时，降低无回答率就成为控制无回答偏差的重要途径。在开始调研前，需要在研究方法设计阶段，充分考虑可能存在的三种非抽样误差，并采取相应的措施尽可能降低非抽样误差。

4.1.3 缺失值与离群值

无回答问题可以细分为项目无回答和单元无回答，其中单元无回答指被调查者拒绝回答，而项目无回答指被调查者对问卷中部分题项处于种种原因没有作答，而缺失值处理就是由项目无回答问题引发的数据预处理问题。对于缺失值的处理，如果存在项目无回答的问卷数所占比例很小，采用成列删除（Listwise Deletion），只基于非缺失值总体计算统计量，是一种合理的做法；如果存在项目无回答的调查问卷较多，上述处理不仅会丢失大量有用信息，而且估计量会出现偏差，使得不完全观测数据与完全观测数据间产生系统差异。因此为了降低由于项目无回答造成的估计偏差，需要对缺失值进行插补。

在数据预处理阶段，离群值是另外一个需要特别注意的问题，其产生可能是由于数据本身的偏态分布，也可能是由于调查阶段的数据收集错误。忽略未处理的离群值会影响估计效果，使得估计结果产生偏差，并且导致估计量方差增大。事先的调研设计并不能解决上述缺失值与离群值引致的非抽样误差问题，为此，4.2 节将详述研究所采用的缺失值插补和离群值识别与处理方法。

4.1.4　非正态分布问题

执行结构方程模型分析时，变量服从多元正态分布（Multivariate Normal Distribution），但在实际调研数据中，单一变量尚且很难满足正态分布，更不用说要求所有变量构成联合正态分布，当不满足多元正态分布时，基于正态分布总体的估计方法——极大似然估计法（Maximum Likelihood，ML）、广义最小二乘法（Generalized Least Square，GLS）估计结果将低估偏差，从而使得检验结果偏向于拒绝不显著的原假设，增大了第一类错误率。

通常在检验正态性时，研究者会偏向于通过考察每一个变量是否符合一元正态分布，只要各变量基本符合一元正态分布就认为多元正态分布假设满足，常用指标包括偏度（Skewness）、峰度（Kurtosis）和检验临界比（Critical Ratio）。然而，上述判断逻辑存在对一元正态分布和多元正态分布之间关系的误读，尽管只要任何变量不满足一元正态分布，整体就不满足多元正态分布，但反之却不成立，也就是说，即便所有变量整体并非多元正态分布，每一个变量本身仍然可能是一元正态分布。因而，在执行 SEM 分析前，需要检验变量总体是否服从多元正态分布，如 Mardia 多元正态分布检验（Mardia's Tests of Multinormality）。

当变量总体分布不满足多元正态分布假设时，处理方法包括以下 3 种。

（1）删除离群值（Outlier）以实现偏度值的纠偏，离群值可以通过马氏距离（Mahalanobis Distance）来识别。然而，删除离群值意味着丢失了样本信息，使得模型只能拟合"典型"情形。

（2）对变量进行变换，例如 Box – Cox 变换，以实现正态性。尽管数据变换是一种常用处理方法，但一方面，执行变换暗含了变量间实际为非线性关系的假设，且估计参数的可解释性很弱；另一方面，根据变换的范围准则（Range Rule），当变量取值范围小于 1 个数量级时，任何变换方法都不会起作用。

（3）应用非正态分布数据的估计方法，例如渐进自由分布（Asymptotic Distribution – Free，ADF）估计法。然而，ADF 法对于数据量要求特别高，通常要在 1000 以上，而且在数据量较少的情况下，该方法会产生具有较大偏差的估计值和标准差。

4.2 本书研究方法设计

4.2.1 题项收集与问卷设计

1. 问卷设计过程

本书问卷包括两方面主题：第一，高新技术企业创新网络对突破性技术创新绩效的影响机制；第二，环境不确定性和吸收能力对上述影响机制的调节效应。该问卷所设构念为创新网络结构嵌入、创新网络关系嵌入、智力资本、突破性技术创新绩效、环境不确定性与吸收能力，因而整份问卷将涵盖六份量表，针对每份量表，首先界定构念并收集测量题项，然后统一由专家组审核修改，并将审核后各量表合并为预调查问卷，最后在预调查问卷施测结果分析基础上，编制应用于本书主题的正式问卷，问卷设计过程如图 4.1 所示。

2. 构念界定与测量题项库

在第 3 章中，本书基于相关理论基础、文献回顾以及述评，对研究所涉构念——创新网络结构嵌入、创新网络关系嵌入、突破性技术创新绩效、智力资本、环境不确定性，以及吸收能力进行了界定。而针对测量题项，运用已有文献研究成果和实际调研相结合的方法，通过已有文献分析和理论基础的回顾，发现创新网络结构嵌入、创新网络关系嵌入与智力资本所涉及的题项已经十分丰富，并非独创变量，所以对于创新网络、智力资本的测量题项将在已有文献的基础上

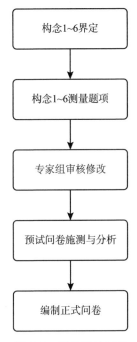

图 4.1 问卷设计过程

结合高新技术企业的特征加以修正。突破性技术创新绩效相关研究目前较少，但是关于创新绩效及突破性技术创新的相关研究还是有文献可以参考的，为本研究提供了大量的间接经验，所以本书主要在融合创新绩效、突破性技术创新的基础上结合对高新技术企业的调研获取所需要的题项来设计突破性技术创新的测量题项。综合而言，对于已有题项的变量主要参考已有题项，再结合高新技术企业特征加以设计，对于题项还有待开发的主要通过对高新技术企业的调研而实现。各构念及题项汇总如下：创新网络结构嵌入构念包括网络规模、网络密度和网络中心性三个构面，共计 15 个测量题项；创新网络关系嵌入构念包括关系强度、关系稳定性与互惠性三个构面，共计 13 个测量题项；突破性技术创新绩效包括间接绩效和直接绩效两个构面，共计 7 个测量题项；智力资本包括人力资本、结构资本与关系资本三个构面，共计 12 个测量题项；环境不确定性拥有四个测量题项；吸收能力包括潜在吸收能力和实现吸收能力两个概念，共计 8 个测量题项。

3. 专家组审核修改

建立好测量题项后，将题项发给高新技术企业中成功实施突破性技术创新绩效的高管人员，让其对题项进行评价，并提出相应的修改意见，在其后论文中期检查的讨论会上将论文的变量测量题项提供给相关研究专家及博士6人。为了保证审核过程的规范性，本书引入群体决策法，该方法要求决策组成员轮流对每个构念的每个构面的所有题项判断是否满足以下三条原则：第一，题项内容恰当反映构面（适切性）；第二，题项表述是否语义清晰（准确性）；第三，题项间是否存在语义重复（独立性）。如果群体内部达成一致，即超过3/4的成员同意，则直接跳入下一个题项的讨论；如果未达成一致，则在汇总之前观点的基础上，进入二轮讨论，直至达成一致，该方法的组织流程如图4.2所示。

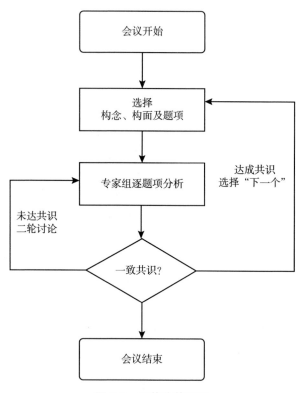

图4.2 群体决策流程

根据图4.2，各题项决策结果见附录A，汇总群体决策建议如下：

（1）创新网络结构嵌入之网络规模。此构面题项问题集中在于两个方面：第一，语义表述不清晰，量词"很多"具有主观认知差异性，专家组建议修改为"不少于3家/个"；第二，语义重复性，"上下游企业"与"同行业及其他行业企业"具有重复性,建议修改为"同行业及其他行业企业(包括上下游企业)"。由于网络密度、关系强度、关系稳定性以及关系资本四个构面均有与网络规模类似题项,在群体决策会议上专家组进行了集中讨论,因而决策结果(决策轮数与一致人数两个指标上)是相同的。

(2)创新网络结构嵌入之网络密度。除去网络规模构面所提及的题项表述问题外,题项"相对于网络内同行业企业,本公司实际存在的联系数量占可能联系数量的比例更高"存在语义不清晰的问题,即无法对"可能联系"进行有效界定,使得受访者无从判断,建议剔除。

(3)创新网络结构嵌入之网络中心性。一方面,与网络规模题项类似,"很多"建议修改为"不少于3家";另一方面,"寻求技术支持"与"进行技术合作"存在语义重复,建议合并为"进行技术合作或寻求技术支持"。

(4)创新网络关系嵌入之关系强度。参照网络规模相关题项的处理,将"上下游企业"与"同行业及其他行业企业"合并修改为"同行业及其他行业企业(包括上下游企业)"。

(5)创新网络关系嵌入之关系稳定性。除了上述提到的行业限定词上的重复性问题外,建议将"长期"具体化为"不短于1年",并将"很多"限定为"不少于3家/个"。

(6)智力资本之关系资本。对于第2个~第5个题项,建议将"很多"替换为"不少于3家/个",并将"上下游企业"与"同行业及其他行业企业"合并修改为"同行业及其他行业企业(包括上下游企业)"。

(7)突破性技术创新绩效之间接绩效。该构面三个题项的时间以及数量限定不明确,存在语义不清晰的问题,建议将"本企业能够不断地推出全新产品"修改为"最近3年本企业能够每年推出至少一款全新产品",将"本企业能够不断地推出全新的技术"修改为"最近3年本企业能够每年推出至少一项全新的技术",将"本企业开发新产品和新技术的周期和费用在不断减少"前加上"最近3年"以明确时间范围。

(8)突破性技术创新绩效之直接绩效。与间接绩效题项问题类似,建议将所有题项前加上"最近3年"以明确时间范围。

(9)环境不确定性。与创新绩效两个构面的题项存在类似的问题,即时间和数量限定不明确,受访者缺少比较基准,建议将"本公司所在行业技术变化速度快"修改为"最近3年本公司所在行业每年至少出现一项新技术",将"本公司所在行业竞争者总是不断推出新产品"修改为"最近3年本公司所在行业竞争者

每年至少推出一款新产品",将"本公司所在行业政府会不断出台新政策或对现有政策进行调整"修改为"最近 3 年本公司所在行业政府每年至少推出一项新政策或对现有政策进行调整"。

在上述修改建议基础上,除去控制变量外,各构念及其题项见表 4 – 1。

表 4 – 1　　　　　　　　满足专家效度的各构念及其题项

构念	构面	题项
创新网络结构嵌入	网络规模	A11:本公司与不少于 3 家同行业及其他行业企业(包括上下游企业)有合作
		A12:本公司与不少于 3 家高校、科研机构合作
		A13:本公司与不少于 3 个政府部门及行业协会有合作
		A14:本公司与不少于 3 家金融机构及中介机构有合作
	网络密度	A21:相对于网络内同行业企业,与本公司合作的同行业及其他行业企业(包括上下游企业)更多
		A22:相对于网络内同行业企业,与本公司合作的高校和科研机构更多
		A23:相对于网络内同行业企业,与本公司合作的政府部门及行业协会更多
		A24:相对于网络内同行业企业,与本公司合作的金融机构及中介机构更多
	网络中心性	A31:本公司在业内知名度高
		A32:本公司在创新合作中占据主导和主动位置
		A33:不少于 3 家企业会主动和本公司进行技术合作或寻求技术支持
创新网络关系嵌入	关系强度	B11:相对于网络内同行业企业,本公司和同行业及其他行业企业(包括上下游企业)合作更频繁
		B12:相对于网络内同行业企业,本公司和高校以及科研机构合作更频繁
		B13:相对于网络内同行业企业,本公司和政府部门及行业协会合作更频繁
		B14:相对于网络内同行业企业,本公司和金融机构及中介机构的合作更频繁
	关系稳定性	B21:本公司与不少于 3 家同行业及其他行业企业(包括上下游企业)有不短于 1 年的合作
		B22:本公司与不少于 3 家高校、科研机构有不短于 1 年的合作
		B23:本公司与不少于 3 个政府部门及行业协会有不短于 1 年的合作
		B24:本公司与不少于 3 家金融机构及中介机构有不短于 1 年的合作
	互惠性	B31:本公司和合作伙伴相互信任
		B32:本公司和合作伙伴共享资源
		B33:本公司和合作伙伴利益相关

构念	构面	题项
智力资本	人力资本	C11：本公司员工的专业技能娴熟
		C12：本公司员工的流动性较低
		C13：本公司员工的创新能力较强
	结构资本	C21：本公司组织结构比较完善
		C22：本公司的企业文化比较有活力和创造性
		C23：本公司的规章制度有利于专利等创新知识的管理
	关系资本	C31：本公司与不少于 3 家同行业及其他行业企业（包括上下游企业）关系融洽
		C32：本公司与不少于 3 家高校、科研机构合作良好
		C33：本公司与不少于 3 个政府部门及行业关系融洽
		C34：本公司与不少于 3 个金融机构及中介机构关系融洽
		C35：本公司能从合作伙伴中获取到很多有价值的信息
突破性技术创新绩效		D11：最近 3 年本企业能够每年至少推出一款全新产品
		D12：最近 3 年本企业能够每年至少推出一项全新技术
		D13：最近 3 年本企业开发新产品和新技术的周期和费用不断减少
		D21：最近 3 年本公司开发的新产品和新技术促进市场占有率的不断提高
		D22：最近 3 年本公司开发的新产品和新技术促进了销售量的不断提高
		D23：最近 3 年本公司开发的新产品和新技术促进了企业利润的不断提高
		D24：最近 3 年本公司开发的新产品和新技术促进了企业知名度的不断提高
环境不确定性		E1：最近 3 年本公司所在行业每年至少出现一项全新技术
		E2：最近 3 年本公司所在行业顾客偏好不断变化
		E3：最近 3 年本公司所在行业竞争者每年至少推出一款新产品
		E4：最近 3 年本公司所在行业政府每年至少推出一项新政策或对现有政策进行调整
吸收能力	潜在吸收能力	F1：相对于网络内同行业企业，本公司更容易理解和分析外部知识及技术
		F2：相对于网络内同行业企业，本公司更容易从潜在竞争对手中及时且连续获取相关信息和知识
		F3：相对于网络内同行业企业，本公司更容易吸收有用或有潜在价值的新技术和新知识
		F4：相对于网络内同行业企业，本公司更容易运用外部知识满足公司发展需要

续表

构念	构面	题项
吸收能力	实现吸收能力	F5：相对于网络内同行业企业，本公司更容易与研发机构合作开发新产品和新知识
		F6：相对于网络内同行业企业，本公司更容易将知识和技术用于开发新专利
		F7：相对于网络内同行业企业，本公司更容易运用员工的知识、经验及能力发现新技术机会
		F8：相对于网络内同行业企业，本公司更容易利用新技术迅速适应市场变化

4. 预调查问卷施测与正式问卷编制

在构念及题项分析基础上，本书编制了预调查问卷（附录B）。由于上述量表题项收集于文献及实地调研，在编制正式问卷之前，需要采用EFA对量表进行构念效度分析，然后进行信度检验，其间如若需要删除部分测量题项，则需要重复上述过程，直至构念效度分析以及信度检验全部通过后，方可编制正式问卷，其编制流程如图4.3所示。需要说明的是，虽然本书将问卷细分为预调查问卷和正式问卷，并非在产生正式问卷后才开始大规模调研，正式问卷只是作为预调查问卷经过探索性因素后的标准输出。如果预调查问卷经过探索性因素分析后并没有题项的删减，对正式问卷，本书将不予以单列。在4.2.2节介绍的抽样策略相关信息基础上，4.2.3节将会对未根据正式问卷展开大规模调查的合理性进行说明。

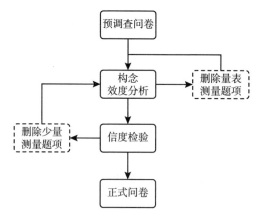

图4.3　正式问卷编制流程

4.2.2 抽样框及抽样设计

1. 抽样框

2008 年，科技部、财政部以及国家税务总局联合颁布了《高新技术企业认定管理办法》，明确罗列了国家重点支持的高新技术领域，以及高新技术企业的认定标准。为此，本书的研究对象，将限定为上海市高新技术企业认定办公室（以下简称高新认定办）认定的上海市高新技术企业。

另外，由于高新认定办持续发布拟认定高新技术企业名单，本书选择《2014 上海市第二批拟认定高新技术企业名单》（以下简称《名单》）中的 1041 家企业为样本总体，即研究的抽样框。选取上述《名单》为样本总体有以下原因。

（1）上海市作为高新技术企业集聚区，每年涌出大量突破性技术创新，存在大量符合本书主题的研究对象，研究成果具有一定的典型性。

（2）在突破性技术创新绩效以及环境不确定性的相关题项中，本书以"最近 3 年"作为时间限制，而 2014 年是符合题项时间限制的最近年份。之后年份名单中的企业可能会存在注册年限短于上述题项时间限制的情况，而之前年份名单中的企业随时间增加发生变更的可能性增大，例如企业破产、重组等情况，增大抽样框误差。

2. 抽样策略、样本数量与数据收集方案

首先，本书所选企业均为高新技术企业，上述《名单》中的企业并没有明显类别加以区分，因而采用概率抽样中的简单随机抽样策略，即以《名单》中企业序号为初始编号，借助随机数生成器产生非重复样本编号，从而确定待抽样企业。

然后，样本量需要由 EFA 与结构方程模型各自所需的最低样本量综合决定。对于预调查问卷的 EFA，就单一量表而言，样本数量在量表各构面题项总数的 5 倍~10 倍时，EFA 的因子结构会较为稳定，即因子分析程序萃取的共同因子及因子构面所包含的测量题项会与原先使用者编制的结构较为接近，创新网络结构嵌入构念量表所含题项最多（13 个），因而对于整份预调查问卷的探索性因素分析而言，最低抽样数为 65 个。另外，结构方程模型中的结构模型部分以协方差分析，而协方差分析在样本量较少的情况下会出现估计结果欠稳定的情况，为了

保证估计结果的稳定性，需要样本量在 200 以上。因此，本书所采用的统计分析需要的最低样本量为 265，考虑到无回答问题，将样本量设为 400。

最后，为满足预期 400 家企业的调查规模，制定了为期半年、多阶段、多渠道的数据收集方案。

（1）在公开企业征信平台查询抽样企业的基本信息，包括具体行业类型、注册年份、注册资本、人员规模等，确保样本企业正常运营，如果企业已停止运营，则从《名单》未被抽取的企业名单中采用简单随机抽样予以补充，直至所有待抽样企业都处于可调查状态，抽样选出的 400 家企业都处于正常运营状态。

（2）根据待抽样企业的细分行业信息，借助笔者所能联系到的上海部分高校 EMBA/MBA 学员、企业研究结构、金融及高新认定办相关人员，向 283 家企业发放调查问卷，收集到完整或存在不超过 10 项缺失值的问卷 231 份。

（3）最后，笔者通过发送调查征询邮件、上门访问等方式，向剩余 117 家企业发放调查问卷，收集到完整或存在不超过 10 项缺失值的问卷 42 份。

3. 非抽样误差控制

（1）调查及抽样设计阶段。调查及抽样设计阶段的非抽样误差来源于三个方面：第一，问卷题项语义不清晰导致的受访者理解偏误；第二，受调查者对于被调查信息不知情；第三，抽样单元非目标对象或处于不可调查状态而引致的抽样框误差。针对上述三方面非抽样误差，首先，专家组通过群体决策来审核各构念及其题项，确保题项语义清晰且易于理解；然后，仅选择在公司任职超过一年的中高层管理者及技术人员作为被调查者；在抽样设计阶段，选用 2014 年《名单》作为抽样框，不仅确保了抽样框内样本均属于研究对象，而且该抽样框内样本大概率处于可被调查状态，尽量减少单元丢失引致的抽样框误差。

（2）数据采集阶段。数据采集阶段的非抽样误差主要来源于无回答，为了尽可能降低无回答率，一方面，在问卷中删去了被调查对象所在企业的所有基本信息，尽力打消受调查者对于信息泄露的忧虑，即便如此，在正式发放问卷前已基于抽样企业编号编制问卷序号，回收问卷后根据问卷编号即可定位受调查企业，并不影响确定问卷所属企业的基本信息；另一方面，在问卷中附加仅用于学术研究的相关证明信息，例如问卷均有东华大学校徽水印、旭日工商管理学院 Logo 以及笔者学校邮箱信息等，尽可能降低受调者因戒备心而故意提供失真信息。

（3）数据预处理阶段。数据预处理阶段，缺失值与极端值是引致后续数据分析误差的主要来源。因而，在因子分析开始之前，首先对所有题项进行异常值检测与处理。具体来说，对于存在 10 项以上缺失值的问卷，以无回答问卷处理；对于空缺回答题项数不超过 10 项的问卷，对缺失值进行插补。目前常用的两种插补方法为：单一插补，即对每个缺失值，用其预测分布的均值（均值插补）或按照某种随机抽样策略随机抽取（随机插补）一个值填补缺失值，但由单一插补所得的完整数据集，应用标准完整数据方差计算公式会系统地低估估计量的方差；多重插补（multiple imputation）是一种以模拟为基础的方法，对每个缺失值创建多个合理的插补值，从而得到多组完整数据集，进而应用标准完整数据分析每组数据并融合分析结果得到整体推断，是改善单一插补低估估计量方差弊端的主流插补方法。本研究将采用 Amelia Ⅱ 程序基于 EMB（Expectation – Maximum with Bootstrapping）算法的插补算法，该算法能够更快地处理大量变量的缺失值问题。

另外，由于本书采用李克特 7 分量表，因而所有超过 7 或者低于 1 的分数均被视为极端值，针对存在极端值的问卷进行复核，针对录入问题进行纠正，无法纠正的视为缺失值，通过多重插补来解决。

在排除了数据整理的人为操作失误原因后，离群值产生的原因有两个方面：一是数据总体呈现偏态分布（例如个人收入），二是被调查者因为种种原因提供了失真回答。对于离群值的识别，采用四分位数检测法，因为四分位数对离群值的不敏感性，可以有效规避因均值计算上对离群值的敏感性而引致的屏蔽效应。在确认了离群值后，首先查看抽样数据分布，在排除了明显的偏态分布可能性后，将离群值视为缺失值，利用上述多重插补算法对其进行插补，以确保数据集的完整性。

4.2.3 量表因子分析策略

正如 4.2.1 节关于正式问卷编制流程所讲，本书所用 6 分量表先前缺少足够的构念效度检验，并不能保证表 4 – 1 中提出的构念、构面及题项结构通过构念效度检验，即无法确保上述量表的构面题项所测得的潜在特质或行为构念的相似性，因而在进行结构方程建模以及调节效应分析之前，需要经由因子分析完善并验证 6 分量表的构念效度和信度，其总体流程如图 4.3 所示。

需要进一步说明的是，图 4.3 所示过程实际蕴含了两个细分过程——EFA 与 CFA，其中 EFA 基于预调查数据确认萃取的因子结构与预先编制的构念与题项结构相匹配，如果存在不匹配的情况，在所研究构念的理论指导基础上，对相关题项进行删减或调整归属等操作，且每次只能对单一题项执行删减操作，之后再次执行 EFA，直至获得最佳因子结构；而 CFA 需要在另外一组与预调查样本相独立的数据集上展开，用于验证由 EFA 所得的因子结构的泛化性能。另外，当样本归属不同目标总体时，EFA 与 CFA 所得的信效度检验不具有可比性。

由上述分析可知，基于研究的严谨性考虑，本书所编制的问卷须先后经过 EFA 和 CFA，并且要求两份样本归属同一目标总体又相互独立，针对上述两阶段分析过程，有两种可考虑的抽样执行方案：第一，对《名单》先抽取预调查样本基于预调查问卷进行调研，进行 EFA 后确定正式问卷，再对《名单》抽取 CFA 及结构方程建模样本；第二，对《名单》一次性抽取 EFA 和 CFA 所需样本，并直接基于预调查问卷展开调研。采用第一种方案，第二阶段的受调查者所面对的调查问卷更加简短，但相较于第二种方式而言，操作流程过于烦琐，抽样成本更高，因而采用第二种抽样执行方案。为了满足两阶段因子分析的要求，对于执行第二种抽样方案所获取的样本数据做以下处理：由于采取的是简单随机抽样策略，可从样本总体中随机抽取预调查所需最低样本数，进行 EFA，然后基于剩余数据进行 CFA。倘若 EFA 过程对题项进行了删减或调整，须在执行 CFA 前，对原始问卷数据做相同的删减或调整操作。

综上所述，因子分析数据来源及流程，如图 4.4 所示。

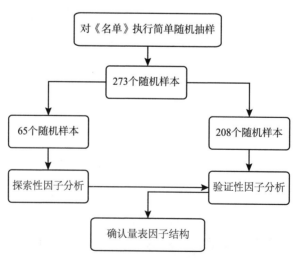

图 4.4　因子分析数据来源及流程

需要指出的是，第二种抽样执行方案成立的前提是：理论量表只存在题项冗余的可能性，而不需要额外增加构面或题项，否则大规模调研所得数据将存在较高的失效风险。本书在参阅大量相关文献及实地调研基础上，提出表4-1汇总的各构念及题项，有理由假定理论量表满足上述前提，因而第二种抽样执行方案具有较小的数据失效风险，具备足够的可行性。

4.2.4　建模策略与自助法估计

完整的结构方程模型细分为测量模型和结构模型，其中测量模型由构念与题项组成，即4.2.3节中由因子分析确定的各量表因子结构；结构模型反映了构念间因果关系。由于量表因子分析已经完成了测量模型的探索与验证，因而在此部分，本研究只需关注构念间因果关系的验证，而调节效应模型的验证是在结构模型验证基础上展开，5.4节与6.3节将会分别对待验证模型以及验证过程进行详述。此节仅对结构模型验证过程中影响验证结果准确性的两个关键问题进行说明，并给出相应的处理对策。

1. 结构模型建模策略

在通过实证数据验证并发展结构方程模型时大致存在三种策略：①严格验证策略，即只基于理论基础提出单一的因果关系结构模型，根据收集的样本数据，只存在接受或拒绝假设模型，而不会根据样本数据拟合结果对模型进行指标修正等来提高样本数据拟合优度；②替代或竞争策略，即基于理论基础，构建多个替代假设模型，然后基于交叉验证（Cross-Validation）方法综合评估多个替代假设模型的拟合优度以及AIC和BIC等模型选择指标；③模型发展策略，该策略是完全以样本数据驱动的模型修正策略，核心思路是基于样本数据拟合结果对模型修正，直至达到在统计意义上拟合优度良好的模型。当以样本数据驱动来实现模型修正时，所得模型很容易出现过拟合（Overfitting）问题，即拟合了过多样本数据本身特有的特征属性，限制了模型的泛化能力，使得在新的样本数据中拟合优度大幅降低。

本书将采用严格验证策略来查看整个模型在实测数据集上是否拟合良好（即是否欠拟合），并不基于实测数据集拟合结果做因果关系的修正（需要说明，对于建立测量误差项间的共变关系等修正并不属于该修正限制范畴），具有以下原因。

（1）考虑到研究目标是验证基于已有理论提出的因果关系，仅仅由于在实测数据集上拟合不好就修正模型，缺少足够的理论支撑。

（2）用于结构模型验证的样本数据为208份，只达到了最低样本量要求，不满足应用交叉验证（Cross-validation）等技术来检验修正模型泛化性能的样本量要求，难以判定修正模型是否存在过拟合问题。尽管过拟合模型在实测数据集上拟合优度指标很好，但过拟合与欠拟合所得模型实际上同样不具有现实解释力。

2. 自助法估计

当执行结构方程模型分析时，如果多元正态分布假设没有得到支持，可以采用的简单方法是对检验结果进行修正，例如Satorra – Bentler修正法，由于采用的SEM分析软件AMOS并没有整合该算法，因而将采用另外一种常用的非正态数据参数估计方法——自助法（Bootstrapping）。简单来说，自助法就是以样本数据作为有放回抽样总体，通过迭代抽样计算均值、方差等统计量，因而自助法并不受数据总体分布的限制，该方法已经成为传统统计推断方法的重要补充方法。需要说明的是，自助法估计有效的前提包括：第一，用于执行抽样的样本总体足够具有代表性；第二，所有样本数据独立同分布；第三，抽样和分析时间区间内待估的总体统计量不会发生变化。本书设计的简单随机抽样策略能很好地满足前两点要求，第三条对于常用的ML和GLS估计法也同样适用，因而不予考虑，假定该条件得到满足。

4.3 研究方法、流程及关键技术总结

本书完整的研究方法、流程以及关键技术要点，总结如图4.5所示。

4.4 本 章 小 结

本章从研究方法要点分析和研究方法设计两个方面展开阐述。研究方法要点分析从抽样策略、非抽样误差、缺失值与离群值和非正态分布四个方面展开。为保障研究信度和研究效度，就所涉及的研究方法进行设计，具体从题项收集及问卷设计、抽样框及抽样设计、建模策略与自助法估计四个方面展开，并对研究方法及关键技术进行总结，为后续研究奠定了基础。

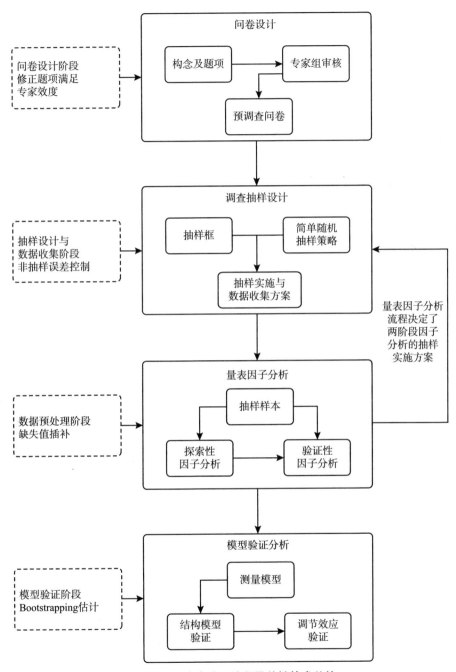

图 4.5　研究方法、流程及关键技术总结

第5章 创新网络对突破性技术创新
绩效影响机制的实证研究

本部分研究将在第 4 章研究方法设计的基础上运用结构方程模型就第 3 章所提出的研究模型进行实证分析并探索智力资本的中介效应。

5.1 样本企业特征和数据预处理

5.1.1 样本企业描述性统计分析

为保障数据的真实可信，在公开企业征信平台查询抽样企业的基本信息，包括具体行业类型、注册年份、注册资本、人员规模等，确保样本企业正常运营，如果企业已停止运营，则从《名单》未被抽取的企业名单中采用简单随机抽样予以补充，直至所有待抽样企业都处于可调查状态，本书抽样选出的 400 家企业都处于正常运营状态。运用大样本抽样能够保障数据的真实有效并使得每个数据的获取都能满足研究的需要。

同时数据采集阶段的非抽样误差主要来源于无回答，为了尽可能降低无回答率，一方面，在问卷中删去了被调查对象所在企业的所有基本信息，并在正式发放问卷前已基于抽样企业编号编制问卷序号，回收问卷后根据问卷编号即可定位受调查企业，并不影响确定问卷所属企业的基本信息；另一方面，在问卷中附加仅用于学术研究的相关证明信息，例如问卷均有东华大学校徽水印、旭日工商管理学院 Logo 以及笔者学校邮箱信息等，尽可能降低受调者因戒备心而故意提供失真信息。

此外为了进一步保障数据的质量，主要采用以下两种方式获取调查问卷：首先根据待抽样企业的细分行业信息，借助笔者所能联系到的上海部分高校 EM-

BA/MBA 学员、企业研究结构、金融及高新认定办相关人员,向 283 家企业发放调查问卷,收集到完整或存在不超过 10 项缺失值的问卷 231 份,有效回收率为 81.63%。其次,笔者通过发送调查征询邮件、上门访问等方式,向剩余 117 家企业发放调查问卷,收集到完整或存在不超过 10 项缺失值的问卷 42 份,有效回收率为 35.90%。

本书对回收的 273 份问卷的特征进行描述性统计分析,通过表 5-1 可以看出高新技术产业主要有六类,分别为信息化学品制造、医药制造业、航空航天器制造、电子及通信设备制造业、电子计算机及办公设备制造业和医疗设备及仪器仪表制造业,各占比分别为 12.09%、19.05%、16.85%、32.23%、11.72% 和 8.06%;公司类型按照个人独资、合伙企业和公司进行分类,分别占比 15.02%、21.25%、63.73%;企业年龄中小于 5 年的有 37 家,5~20 年的有 143 家,剩下 93 家均为 20 年以上。企业规模中占比最高的是 1000 人以上的企业,达到 40.30%。

表 5-1 样本企业描述性统计分析 (N = 273)

指标	类别	样本数/家	占比/(%)	累积占比/(%)
高新技术所处行业	信息化学品制造	33	12.09	12.09
	医药制造业	52	19.05	31.14
	航空航天器制造	46	16.85	47.99
	电子及通信设备制造业	88	32.23	80.22
	电子计算机及办公设备制造业	32	11.72	91.94
	医疗设备及仪器仪表制造业	22	8.06	100.00
公司类型	个人独资	41	15.02	15.02
	合伙企业	58	21.25	36.27
	公司	174	63.73	100.00
企业年龄	<5 年	37	13.55	13.55
	5~20 年	143	52.38	65.93
	≥20 年	93	34.07	100.00
企业规模(员工数)	<200 人	56	20.51	20.51
	200~1000 人	107	39.19	59.71
	≥1000 人	110	40.30	100.00

5.1.2 缺失值与极端值识别及处理

在开始因子分析之前，需要基于样本数据对量表题项进行项目分析，即数据预处理，通常包括以下两步：①识别并处理样本数据中的极端值与缺失值；②针对反向题项进行反向计分。其中，反向题项是指测量内容与其他题项呈现语义上的反义性，即假设打分越高量表所测构念程度越强，当某一题项打分越低时所测构念程度越强，而且其他题项与此相反，那么该题项为反向题项，需要对反向题项进行反向计分以保证结果的一致性，本书所用6分量表均不含反向题项，因而对第2步予以省略。所有题项的描述性统计结果见附录C。由于本书采用李克特7分量表，所有低于1或超过7的打分值均视为极端值，由附录C可知，273份有效样本数据中并不包含极端值，而存在缺失值的问卷为20份，占问卷总数的7.3%，不适宜对存在缺失值的问卷采用废弃操作，且存在缺失值的问卷数符合多重插补有效作用范围。因而，本书借助R语言开源程序包Amelia II执行多重插补，并以插补后的完整数据集为基础进行后续分析。

5.2 各量表探索性因子分析

5.2.1 结构嵌入量表的EFA

1. 因子分析样本适切性检验

针对结构嵌入量表，首先从273份样本中随机取出的65份样本进行EFA，因子分析样本适切性KMO指标为0.689，介于"勉强可进行因子分析"与"尚可进行因子分析"标准范围，另外，指标数据适合进行因子分析的前提是指标间的净相关系数均为0，而Bartlett球形检验卡方值达到0.05显著性水平，即显著拒绝指标间净相关矩阵不是单位矩阵的零假设。因而，本书的结构嵌入量表适合执行后续EFA。结构嵌入因子分析样本适切性检验结果，见表5-2。

表 5 - 2   结构嵌入因子分析样本适切性检验

KMO 和 Bartlett 的检验		
取样足够度的 Kaiser – Meyer – Olkin 度量		0.689
Bartlett 的球形度检验	近似卡方	397.119
	df	55
	Sig.	0.000

数据来源：IBM SPSS Statistics 20。

2. 题项样本适切性检验

KMO 值与 Bartlett 检验仅用于检验整份量表是否适合进行因子分析，而反映象相关矩阵的对角线数值为每一个指标的样本适切性值（Measures of Sampling Adequacy，MSA），MSA 越接近 1，表明该题项越适合投入量表的因子分析流程中，通常情况下，如果 MSA 值小于 0.5，则题项应该被删除，由结构嵌入量表的反映象相关矩阵（附录 D）可知，题项 A14（MSA 为 0.467）为可考虑被删除的题项。另外，假定以主成分分析（常用因子提取方法）提取因子，通过考察各题项由主成分分析提取因子后的公因子方差，可以进一步确定应剔除的题项，公因子方差越低的题项越不适合加入量表因子分析流程，结果见表 5 - 3。由表 5 - 3 可知，题项 A14 和 A24 公因子方差均低于阈值 0.2。综上，如果后续旋转成分矩阵呈现与理论因子结构不同的结构，将首先考虑依次删除题项 A14 和 A24。

表 5 - 3   结构嵌入量表主成分分析公因子方差

公因子方差		
题项	初始	提取
A11	1.000	0.770
A12	1.000	0.787
A13	1.000	0.745
A14	1.000	0.146
A21	1.000	0.887
A22	1.000	0.900
A23	1.000	0.883

公因子方差		
题项	初始	提取
A24	1.000	0.195
A31	1.000	0.804
A32	1.000	0.764
A33	1.000	0.882

提取方法：主成分分析

数据来源：IBM SPSS Statistics 20。

3. 主成分分析抽取主成分

基于主成分分析，以特征值大于 1 为标准，对结构嵌入理论量表抽取主成分，且考虑到各理论构面间的相互独立性，采用正交转轴法（最大方差法）对因子矩阵进行旋转，以更好地区分不同题项归属因子，所得结果分别见表 5-4 与表 5-5。

由表 5-4 可知，主成分抽取的三个主成分所解释的方差为总方差的 71%，而管理学等社会科学类研究，由于数据获取的不可控性因素过多，相较于自然科学类研究精度要求降低，主成分解释方差占比超过 60% 属于可接受范围。由表 5-5 可知，A11~A13、A21~A23 以及 A31~A33 与理论量表结构一致，分别组合成不同的三个因子，而根据理论量表应与 A11~A13 归属同一因子的 A14 和本应于 A21~A23 归属同一因子的 A24 则组成了一个因子，与理论量表结构相违背。结合题项样本适切性部分的分析，将删除题项 A24，然后再执行上述题项样本适切性分析与主成分分析因子抽取流程。

表 5-4   结构嵌入量表主成分分析抽取主成分的解释方差

成分	解释的总方差								
	初始特征值			提取平方和载入			旋转平方和载入		
	合计	方差/（%）	累积/（%）	合计	方差/（%）	累积/（%）	合计	方差/（%）	累积/（%）
1	2.903	26.392	26.392	2.903	26.392	26.392	2.679	24.353	24.353
2	2.717	24.697	51.089	2.717	24.697	51.089	2.591	23.555	47.908

续表

解释的总方差

成分	初始特征值			提取平方和载入			旋转平方和载入		
	合计	方差/（%）	累积/（%）	合计	方差/（%）	累积/（%）	合计	方差/（%）	累积/（%）
3	2.143	19.483	70.572	2.143	19.483	70.572	2.493	22.664	70.572
4	0.953	8.663	79.235						
5	0.893	8.115	87.350						
6	0.403	3.667	91.016						
7	0.322	2.927	93.944						
8	0.229	2.077	96.021						
9	0.181	1.646	97.667						
10	0.139	1.266	98.932						
11	0.117	1.068	100.000						

提取方法：主成分分析

数据来源：IBM SPSS Statistics 20。

表 5 - 5 　　　　　　　　**结构嵌入量表因子成分矩阵**

旋转成分矩阵[a]

题项	成分		
	1	2	3
A11	0.055	−0.056	0.874
A12	−0.016	−0.182	0.868
A13	0.117	−0.103	0.849
A14	0.045	−0.176	−0.337
A21	0.939	0.068	−0.037
A22	0.942	0.046	0.102
A23	0.936	−0.005	0.080
A24	0.102	0.252	0.348
A31	0.010	0.896	0.014

续表

题项	旋转成分矩阵ᵃ		
	成分		
	1	2	3
A32	0.061	0.872	− 0.002
A33	0.020	0.938	− 0.038

提取方法：主成分分析
旋转法：具有 Kaiser 标准化的正交旋转法

a. 旋转在 5 次迭代后收敛

数据来源：IBM SPSS Statistics 20。

4. 删除题项 A24 后的 EFA

删除题项 A24 后，依旧基于主成分分析执行因子抽取程序，得到公因子方差见表 5 – 6。由表 5 – 6 可知，题项 A14 主成分提取后的公因子方差低于删除题项判定阈值 0. 2。

表 5 –6　　　　删除题项 A24 后结构嵌入量表公因子方差

公因子方差		
题项	初始	提取
A11	1.000	0.773
A12	1.000	0.792
A13	1.000	0.770
A14	1.000	0.159
A21	1.000	0.888
A22	1.000	0.899
A23	1.000	0.883
A31	1.000	0.805
A32	1.000	0.789
A33	1.000	0.879

提取方法：主成分分析

数据来源：IBM SPSS Statistics 20。

表 5 - 7 与表 5 - 8 分别给出了删除题项 A24 后的主成分方差解释比率与正交旋转主成分矩阵。由表 5 - 7 可知，抽取的三个主成分仍然解释了 76% 的总方差，属于可接受范围；而表 5 - 8 显示，只有题项表 A14 违背了理论量表因子结构，综合上述公因子方差分析结果可知，还需要删除题项 A14。

表 5 - 7　　删除题项 A24 后结构嵌入量表主成分分析抽取主成分的解释方差

	解释的总方差								
成分	初始特征值			提取平方和载入			旋转平方和载入		
	合计	方差/ (%)	累积/ (%)	合计	方差/ (%)	累积/ (%)	合计	方差/ (%)	累积/ (%)
1	2.839	28.388	28.388	2.839	28.388	28.388	2.677	26.773	26.773
2	2.716	27.156	55.544	2.716	27.156	55.544	2.540	25.396	52.169
3	2.083	20.829	76.373	2.083	20.829	76.373	2.420	24.204	76.373
4	0.946	9.457	85.830						
5	0.403	4.034	89.864						
6	0.323	3.229	93.093						
7	0.247	2.472	95.565						
8	0.185	1.855	97.420						
9	0.140	1.403	98.823						
10	0.118	1.177	100.000						

提取方法：主成分分析

数据来源：IBM SPSS Statistics 20。

表 5 - 8　　　　删除题项 A24 后结构嵌入量表因子成分矩阵

	旋转成分矩阵[a]		
题项	成分		
	1	2	3
A11	0.065	-0.037	0.876
A12	-0.007	-0.161	0.875
A13	0.127	-0.074	0.865
A14	0.039	-0.193	-0.347

旋转成分矩阵[a]			
题项	成分		
	1	2	3
A21	0.939	0.065	− 0.044
A22	0.943	0.041	0.089
A23	0.937	− 0.008	0.072
A31	0.015	0.897	− 0.004
A32	0.067	0.886	− 0.002
A33	0.025	0.935	− 0.059

提取方法：主成分分析
旋转法：具有 Kaiser 标准化的正交旋转法

a. 旋转在 5 次迭代后收敛

数据来源：IBM SPSS Statistics 20。

5. 依次删除题项 A24 和 A14 后的 EFA

表 5 – 9 ~ 表 5 – 11 分别给出了删除题项 A24 和 A14 后公因子方差、主成分解释方差表以及因子成分矩阵。

表 5 – 9 ~ 表 5 – 11 可知，删除题项 A24 和 A14 后，剩余题项重新执行主成分因子抽取程序，公因子方差表中不再有需要重点考虑删除的题项，主成分解释变异量反而增加至 84%，进一步说明题项 A14 与剩余题项测量对象不一致，而且旋转成分矩阵也显示剩余题项与量表理论因子结构相符，因而将以下因子结构结束结构嵌入量表的 EFA：成分 1，命名为网络规模，包括题项 A11 ~ A13；成分 2，命名为网络密度，包括题项 A21 ~ A23；成分 3，命名为网络中心性，包括题项 A31 ~ A33。

表 5 – 9　　　　　　　　　　　**删除题项 A24 和 A14 后公因子方差**

公因子方差		
题项	初始	提取
A11	1.000	0.783
A12	1.000	0.799

续表

<table>
<tr><th colspan="3">公因子方差</th></tr>
<tr><th>题项</th><th>初始</th><th>提取</th></tr>
<tr><td>A13</td><td>1.000</td><td>0.800</td></tr>
<tr><td>A21</td><td>1.000</td><td>0.887</td></tr>
<tr><td>A22</td><td>1.000</td><td>0.900</td></tr>
<tr><td>A23</td><td>1.000</td><td>0.886</td></tr>
<tr><td>A31</td><td>1.000</td><td>0.792</td></tr>
<tr><td>A32</td><td>1.000</td><td>0.813</td></tr>
<tr><td>A33</td><td>1.000</td><td>0.886</td></tr>
</table>

提取方法：主成分分析

数据来源：IBM SPSS Statistics 20。

表 5 – 10　　　　　　　删除题项 A24 和 A14 后的解释方差

<table>
<tr><th rowspan="3">成分</th><th colspan="9">解释的总方差</th></tr>
<tr><th colspan="3">初始特征值</th><th colspan="3">提取平方和载入</th><th colspan="3">旋转平方和载入</th></tr>
<tr><th>合计</th><th>方差/（%）</th><th>累积/（%）</th><th>合计</th><th>方差/（%）</th><th>累积/（%）</th><th>合计</th><th>方差/（%）</th><th>累积/（%）</th></tr>
<tr><td>1</td><td>2.825</td><td>31.384</td><td>31.384</td><td>2.825</td><td>31.384</td><td>31.384</td><td>2.669</td><td>29.652</td><td>29.652</td></tr>
<tr><td>2</td><td>2.715</td><td>30.166</td><td>61.550</td><td>2.715</td><td>30.166</td><td>61.550</td><td>2.499</td><td>27.763</td><td>57.415</td></tr>
<tr><td>3</td><td>2.006</td><td>22.291</td><td>83.841</td><td>2.006</td><td>22.291</td><td>83.841</td><td>2.378</td><td>26.426</td><td>83.841</td></tr>
<tr><td>4</td><td>0.404</td><td>4.494</td><td>88.335</td><td></td><td></td><td></td><td></td><td></td><td></td></tr>
<tr><td>5</td><td>0.325</td><td>3.608</td><td>91.943</td><td></td><td></td><td></td><td></td><td></td><td></td></tr>
<tr><td>6</td><td>0.280</td><td>3.113</td><td>95.056</td><td></td><td></td><td></td><td></td><td></td><td></td></tr>
<tr><td>7</td><td>0.186</td><td>2.068</td><td>97.124</td><td></td><td></td><td></td><td></td><td></td><td></td></tr>
<tr><td>8</td><td>0.140</td><td>1.559</td><td>98.683</td><td></td><td></td><td></td><td></td><td></td><td></td></tr>
<tr><td>9</td><td>0.119</td><td>1.317</td><td>100.000</td><td></td><td></td><td></td><td></td><td></td><td></td></tr>
</table>

提取方法：主成分分析

数据来源：IBM SPSS Statistics 20。

表 5 – 11　　　　　　　删除题项 A24 和 A14 后结构嵌入量表因子成分矩阵

旋转成分矩阵ᵃ

题项	成分		
	1	2	3
A11	0.051	0.001	0.883
A12	− 0.021	− 0.124	0.885
A13	0.109	− 0.028	0.887
A21	0.939	0.067	− 0.029
A22	0.942	0.046	0.101
A23	0.938	− 0.009	0.076
A31	0.017	0.888	− 0.051
A32	0.060	0.899	− 0.013
A33	0.023	0.937	− 0.088

提取方法：主成分分析
旋转法：具有 Kaiser 标准化的正交旋转法

a. 旋转在 5 次迭代后收敛

数据来源：IBM SPSS Statistics 20。

6. EFA 所得量表的信度检验

对删除题项 A24 和 A14 后的剩余题项执行信度检验，即检验结构嵌入量表各测量指标的内部一致性，一致性越高则说明该量表施测结果稳定性越强，即量表具有较强的可靠性，通常采用 Cronbach 系数进行度量，其测度公式为

$$\alpha = \frac{K}{K-1}\left(1 - \frac{\sum S_i^2}{S^2}\right)$$

式中，K 为量表所包括的总题项数，$\sum S_i^2$ 为量表题项的方差总和，S^2 为量表题项的加总后的方差。对于社会科学类研究而言，Cronbach 系数为 0.60 ~ 0.7，量表信度为勉强接受水平，而超过 0.7 则属于信度较高水平。为了对 EFA 后的量表进行充分的信度检验，需要同时对量表各层面及量表总体进行信度检验，结果见表 5 – 12。由表 5 – 12 可知，删除题项 A24 和 A14 后的结构嵌入量表及各构面均以较高的 Cronbach 系数通过信度检验，因而量表具有较强的稳定性。

表 5 – 12   EFA 后结构嵌入量表信度检验

信度检验对象	Cronbach's Alpha	项数
EFA 后结构嵌入量表总体	0.700	9
网络规模构面：题项 A11 ~ A13	0.862	3
网络密度构面：题项 A21 ~ A23	0.936	3
网络中心性构面：题项 A31 ~ A33	0.895	3

数据来源：IBM SPSS Statistics 20。

5.2.2　关系嵌入量表的 EFA

由于分析流程与结构嵌入部分因子分析基本相同，且后者已经阐述了所有决策参考指标与阈值，为简化描述，按照以下结构组织分析流程。

1. 关系嵌入量表首次 EFA

由表 5 – 13 可知，关系嵌入因子分析 KMO 值也介于"勉强可进行因子分析"与"尚可进行因子分析"标准范围，而 Bartlett 球形检验进一步说明指标间的净相关系数为 0，适合进行因子分析。

表 5 – 13   关系嵌入因子分析样本适切性检验

KMO 和 Bartlett 的检验		
取样足够度的 Kaiser – Meyer – Olkin 度量		0.631
Bartlett 的球形度检验	近似卡方	310.379
	df	55
	Sig.	0.000

数据来源：IBM SPSS Statistics 20。

《附录 E　关系嵌入量表 EFA 反映象矩阵》显示题项 B14 的 MSA 值低于考虑删除阈值 0.5；另外，表 5 – 14 显示题项 B24 公因子方差最低（未低于 0.2）。综上可知，题项 B14 为重点考虑需要删除题项，其次为 B24。

表5–14　　　　　　　　　关系嵌入量表主成分分析公因子方差

公因子方差		
题项	初始	提取
B11	1.000	0.745
B12	1.000	0.798
B13	1.000	0.829
B14	1.000	0.814
B21	1.000	0.863
B22	1.000	0.821
B23	1.000	0.830
B24	1.000	0.419
B31	1.000	0.745
B32	1.000	0.668
B33	1.000	0.773

提取方法：主成分分析

数据来源：IBM SPSS Statistics 20。

　　基于主成分分析，以特征值大于1为标准，对关系嵌入理论量表抽取主成分，且考虑到各理论构面间的相互独立性，采用正交转轴法（最大方差法）对因子矩阵进行旋转，以更好地区分各题项归属因子，所得结果见表5–15和表5–16。

表5–15　　　　　关系嵌入量表主成分分析抽取主成分的解释方差

解释的总方差									
成分	初始特征值			提取平方和载入			旋转平方和载入		
	合计	方差/（%）	累积/（%）	合计	方差/（%）	累积/（%）	合计	方差/（%）	累积/（%）
1	2.959	26.903	26.903	2.959	26.903	26.903	2.594	23.586	23.586
2	2.215	20.133	47.036	2.215	20.133	47.036	2.394	21.768	45.354
3	2.006	18.240	65.276	2.006	18.240	65.276	2.136	19.419	64.774
4	1.126	10.234	75.510	1.126	10.234	75.510	1.181	10.737	75.510
5	0.918	8.343	83.853						

续表

成分	初始特征值			提取平方和载入			旋转平方和载入		
	合计	方差/(%)	累积/(%)	合计	方差/(%)	累积/(%)	合计	方差/(%)	累积/(%)
6	0.454	4.129	87.982						
7	0.386	3.506	91.488						
8	0.328	2.982	94.470						
9	0.302	2.743	97.213						
10	0.175	1.587	98.800						
11	0.132	1.200	100.000						

解释的总方差

提取方法：主成分分析

数据来源：IBM SPSS Statistics 20。

表 5 – 16　　　　关系嵌入量表因子成分矩阵

旋转成分矩阵[a]

题项	成分			
	1	2	3	4
B11	− 0.167	0.847	0.006	0.020
B12	0.051	0.888	− 0.081	0.020
B13	− 0.043	0.906	− 0.048	0.061
B14	− 0.162	0.140	− 0.105	0.870
B21	0.928	− 0.017	− 0.001	− 0.027
B22	0.904	− 0.004	0.059	0.010
B23	0.895	− 0.142	0.046	0.088
B24	− 0.218	0.047	− 0.202	− 0.573
B31	− 0.021	− 0.116	0.831	− 0.200
B32	0.080	0.071	0.796	0.151
B33	0.037	− 0.086	0.863	0.139

提取方法：主成分分析
旋转法：具有 Kaiser 标准化的正交旋转法

a. 旋转在 4 次迭代后收敛

数据来源：IBM SPSS Statistics 20。

由表5-15可知，由特征值大于1这一阈值抽取的主成分共解释了约76%的总方差，属于可接受范围，说明上述主成分能够较好地描述样本数据。而表5-16显示，只有题项B14和B24与理论量表题项因子结构相违背，因而将删除题项B14后重新执行EFA。

2. 删除题项 B14 后的 EFA

删除题项B14后的反映象相关矩阵没有显示任何异常题项，限于篇幅不予展示。表5-17显示只有B24提取后公因子方差低于阈值0.2，综上可知，题项B24属于重点考虑删除的题项。由表5-18可知，抽取的3个主成分解释的总方差比率为71%，仍然在可接受范围。而表5-19显示，只有题项表B24违背了理论量表因子结构。综上考虑，将删除题项B24后重新执行EFA。

表5-17　　　　　　　删除题项 B14 后关系嵌入量表公因子方差

公因子方差		
题项	初始	提取
B11	1.000	0.748
B12	1.000	0.799
B13	1.000	0.826
B21	1.000	0.851
B22	1.000	0.818
B23	1.000	0.833
B24	1.000	0.139
B31	1.000	0.669
B32	1.000	0.661
B33	1.000	0.771

提取方法：主成分分析

数据来源：IBM SPSS Statistics 20。

表 5 – 18　删除题项 B14 后关系嵌入量表主成分分析抽取主成分的解释方差

解释的总方差

成分	初始特征值			提取平方和载入			旋转平方和载入		
	合计	方差/ （%）	累积/ （%）	合计	方差/ （%）	累积/ （%）	合计	方差/ （%）	累积/ （%）
1	2.918	29.178	29.178	2.918	29.178	29.178	2.584	25.836	25.836
2	2.202	22.025	51.203	2.202	22.025	51.203	2.386	23.856	49.692
3	1.996	19.956	71.159	1.996	19.956	71.159	2.147	21.467	71.159
4	0.955	9.554	80.713						
5	0.522	5.218	85.931						
6	0.433	4.325	90.256						
7	0.336	3.365	93.621						
8	0.315	3.153	96.774						
9	0.185	1.854	98.628						
10	0.137	1.372	100.000						

提取方法：主成分分析

数据来源：IBM SPSS Statistics 20。

表 5 – 19　删除题项 B14 后关系嵌入量表因子成分矩阵

旋转成分矩阵[a]

题项	成分		
	1	2	3
B11	− 0.165	0.849	0.007
B12	0.053	0.889	− 0.080
B13	− 0.036	0.907	− 0.044
B21	0.922	− 0.025	− 0.004
B22	0.902	− 0.015	0.059
B23	0.899	− 0.146	0.054
B24	− 0.258	− 0.026	− 0.268
B31	− 0.046	− 0.134	0.805

题项	旋转成分矩阵ª		
	成分		
	1	2	3
B32	0.088	0.067	0.806
B33	0.041	−0.083	0.873

提取方法：主成分分析

旋转法：具有 Kaiser 标准化的正交旋转法

a. 旋转在 4 次迭代后收敛

数据来源：IBM SPSS Statistics 20。

3. 删除题项 B14 和 B24 后的 EFA

关系嵌入量表删除题项 B14 和 B24 后 EFA 反映象矩阵显示所有题项均大于考虑删除阈值0.5，表5-20 显示各题项提取后公因子方差均较大，没有待考虑删除的题项。

表 5-20　　　　　删除题项 B14 和 B24 后关系嵌入量表公因子方差

题项	公因子方差	
	初始	提取
B11	1.000	0.747
B12	1.000	0.798
B13	1.000	0.828
B21	1.000	0.850
B22	1.000	0.837
B23	1.000	0.835
B31	1.000	0.662
B32	1.000	0.699
B33	1.000	0.772

提取方法：主成分分析

数据来源：IBM SPSS Statistics 20。

表 5 - 21 显示，所抽取的三个主成分所解释的总方差比率上升为 78%。表 5 - 22 显示，所有题项均与理论因子结构相符。因此，将以如下因子结构结束关系嵌入量表的 EFA：成分 1，命名为关系强度，包含题项 B11 ~ B13；成分 2，命名为关系稳定性，包含题项 B21 ~ B23；成分 3，命名为互惠性，包含题项 B31 ~ B33。

表 5 - 21 删除题项 B14 和 B24 后关系嵌入量表主成分分析抽取主成分解释方差

解释的总方差

成分	初始特征值			提取平方和载入			旋转平方和载入		
	合计	方差/ (%)	累积/ (%)	合计	方差/ (%)	累积/ (%)	合计	方差/ (%)	累积/ (%)
1	2.866	31.850	31.850	2.866	31.850	31.850	2.544	28.264	28.264
2	2.193	24.369	56.219	2.193	24.369	56.219	2.379	26.438	54.702
3	1.969	21.882	78.101	1.969	21.882	78.101	2.106	23.399	78.101
4	0.559	6.211	84.312						
5	0.433	4.816	89.128						
6	0.338	3.760	92.888						
7	0.316	3.507	96.395						
8	0.187	2.076	98.471						
9	0.138	1.529	100.000						

提取方法：主成分分析

数据来源：IBM SPSS Statistics 20。

表 5 - 22 删除题项 B14 和 B24 后关系嵌入量表因子成分矩阵

旋转成分矩阵[a]

题项	成分		
	1	2	3
B11	- 0.171	0.847	0.000
B12	0.046	0.888	- 0.089
B13	- 0.039	0.908	- 0.045
B21	0.922	- 0.020	- 0.008

续表

题项	旋转成分矩阵ª		
	成分		
	1	2	3
B22	0.912	− 0.006	0.068
B23	0.902	− 0.140	0.053
B31	− 0.045	− 0.130	0.802
B32	0.106	0.079	0.825
B33	0.046	− 0.077	0.874

提取方法：主成分分析
旋转法：具有 Kaiser 标准化的正交旋转法

a. 旋转在 4 次迭代后收敛

数据来源：IBM SPSS Statistics 20。

4. EFA 所得量表的信度检验

由表 5-23 可知，删除题项 B14 和 B24 后的关系嵌入量表总体略低于阈值，而各分构面均通过信度检验，因而量表具有较强的稳定性。

表 5-23   EFA 后关系嵌入量表信度检验

信度检验对象	Cronbach's Alpha	项数
EFA 后结构嵌入量表总体	0.584	9
关系强度构面：题项 B11 ~ B13	0.860	3
关系稳定性构面：题项 B21 ~ B23	0.903	3
互惠性构面：题项 B31 ~ B33	0.784	3

数据来源：IBM SPSS Statistics 20。

5.2.3 智力资本量表的 EFA

1. 智力资本量表首次 EFA

由表 5-24 可知，智力资本因子分析 KMO 值介于"尚可进行因子分析"与

"适合进行因子分析"标准范围，而 Bartlett 球形检验进一步说明指标间的净相关系数为 0，适合进行因子分析。

表 5 - 24 　　　　　　　　智力资本因子分析样本适切性检验

KMO 和 Bartlett 的检验		
取样足够度的 Kaiser – Meyer – Olkin 度量		0.791
Bartlett 的球形度检验	近似卡方	1181.734
	df	55
	Sig.	0.000

数据来源：IBM SPSS Statistics 20。

《附录 F　智力资本量表 EFA 反映象矩阵》和表 5 – 25 都显示只有题项 C34 低于待考虑或接近删除阈值，如果后续分析结果与理论因子结构相违背，将首先考虑删除题项 C34。

表 5 - 25 　　　　　　　　智力资本量表主成分分析公因子方差表

公因子方差		
题项	初始	提取
C11	1.000	0.961
C12	1.000	0.960
C13	1.000	0.943
C21	1.000	0.780
C22	1.000	0.804
C23	1.000	0.911
C31	1.000	0.986
C32	1.000	0.978
C33	1.000	0.977
C34	1.000	0.238
C35	1.000	0.976

提取方法：主成分分析

数据来源：IBM SPSS Statistics 20。

基于主成分分析，以特征值大于 1 为标准，对智力资本理论量表抽取主成分，选择斜交转轴法（直接斜交转轴法）对因子矩阵进行旋转，以更好地区分各题项归属因子，所得结果见表 5-26 ～ 表 5-28。

表 5-26 显示所提取的三个主成分解释了总方差的 86% 以上，说明上述主成分能够很好地描述样本数据。在阐述表 5-27 和表 5-28 之前，需要说明的是模式矩阵中的数值类似多元回归分析中的标准化回归系数，用于反映题项在因子间的相对重要性，而结构矩阵中的数值表示各题项与因子间的简单相关，数值代表因子载荷量。表 5-27 和表 5-28 都显示只有题项 C34 在不同主成分间的因子载荷差异不明显，因而尝试删除题项 C34 后重新执行 EFA，如果剩余指标结果没有变得更佳，则恢复题项 C34。

表 5-26　　　　　　　智力资本量表主成分分析抽取主成分的解释方差

	解释的总方差						
成分	初始特征值			提取平方和载入			旋转平方和载入[a]
	合计	方差/（%）	累积/（%）	合计	方差/（%）	累积/（%）	合计
1	4.935	44.867	44.867	4.935	44.867	44.867	4.312
2	2.975	27.041	71.908	2.975	27.041	71.908	2.968
3	1.605	14.595	86.503	1.605	14.595	86.503	3.215
4	0.893	8.116	94.619				
5	0.307	2.787	97.406				
6	0.136	1.240	98.646				
7	0.069	0.630	99.276				
8	0.044	0.402	99.678				
9	0.018	0.166	99.844				
10	0.014	0.124	99.968				
11	0.004	0.032	100.000				

提取方法：主成分分析

a. 使成分相关联后，便无法通过添加平方和载入来获得总方差。

数据来源：IBM SPSS Statistics 20。

表 5 – 27   智力资本量表模式矩阵

模式矩阵ᵃ

题项	成分		
	1	2	3
C11	0.049	0.994	0.055
C12	0.057	0.989	0.027
C13	− 0.022	0.977	0.059
C21	0.036	− 0.125	− 0.885
C22	0.073	− 0.006	− 0.874
C23	0.107	0.002	− 0.918
C31	0.953	0.086	− 0.125
C32	0.949	0.111	− 0.125
C33	0.948	0.044	− 0.127
C34	0.424	− 0.177	0.227
C35	0.941	0.061	− 0.142

提取方法：主成分分析
旋转法：具有 Kaiser 标准化的斜交旋转法

a. 旋转在 5 次迭代后收敛。

数据来源：IBM SPSS Statistics 20。

表 5 – 28   智力资本量表结构矩阵

结构矩阵

题项	成分		
	1	2	3
C11	− 0.070	0.979	− 0.134
C12	− 0.053	0.978	− 0.164
C13	− 0.140	0.969	− 0.107
C21	0.300	0.027	− 0.873
C22	0.321	0.141	− 0.894
C23	0.367	0.153	− 0.949
C31	0.980	0.009	− 0.410

题项	成分		
	1	2	3
C32	0.972	0.034	-0.413
C33	0.979	-0.032	-0.403
C34	0.378	-0.261	0.138
C35	0.975	-0.012	-0.420

结构矩阵

提取方法：主成分分析
旋转法：具有 Kaiser 标准化的斜交旋转法

数据来源：IBM SPSS Statistics 20。

2. 删除题项 C34 后的 EFA

由于删除题项 C34 后的反映象矩阵与公因子方差均没有显示任何需要考虑删除的题项，限于篇幅，将不罗列上述两个表格。

由表 5-29 可知，提取的三个主成分能够很好地描述样本数据，而表 5-30 和表 5-31 则说明剩余题项均与理论因子结构相符，因而将以如下因子结构结束智力资本 EFA：成分 1，命名为人力资本，包括题项 C11～C13；成分 2，命名为结构资本，包括题项 C21～C23；成分 3，命名为关系资本，包括题项 C31～C33 及 C35。

表5-29　删除题项 C34 后智力资本量表主成分分析抽取主成分的解释方差

成分	初始特征值			提取平方和载入			旋转平方和载入[a]
	合计	方差/(%)	累积/(%)	合计	方差/(%)	累积/(%)	合计
1	4.900	49.004	49.004	4.900	49.004	49.004	4.519
2	2.906	29.062	78.066	2.906	29.062	78.066	2.905
3	1.559	15.588	93.654	1.559	15.588	93.654	3.384
4	0.330	3.296	96.950				

解释的总方差

续表

解释的总方差

成分	初始特征值			提取平方和载入			旋转平方和载入[a]
	合计	方差/（%）	累积/（%）	合计	方差/（%）	累积/（%）	合计
5	0.152	1.523	98.473				
6	0.069	0.694	99.167				
7	0.047	0.471	99.638				
8	0.019	0.186	99.824				
9	0.014	0.140	99.964				
10	0.004	0.036	100.000				

提取方法：主成分分析

a. 使成分相关联后，便无法通过添加平方和载入来获得总方差

数据来源：IBM SPSS Statistics 20。

表 5 – 30　　　　删除题项 C34 后智力资本量表的模式矩阵

模式矩阵[a]

题项	成分		
	1	2	3
C11	0.030	0.981	− 0.020
C12	0.021	0.982	0.023
C13	− 0.060	0.974	0.000
C21	− 0.059	− 0.066	0.936
C22	0.022	0.038	0.880
C23	0.060	0.044	0.916
C31	1.000	0.007	− 0.003
C32	0.991	0.033	0.001
C33	0.993	− 0.033	− 0.001
C35	0.990	− 0.016	0.011

提取方法：主成分分析
旋转法：具有 Kaiser 标准化的斜交旋转法

a. 旋转在 4 次迭代后收敛

数据来源：IBM SPSS Statistics 20。

表 5-31　　　　　　　　删除题项 C34 后智力资本量表的结构矩阵

题项	成分		
	1	2	3
C11	0.026	0.979	0.076
C12	0.036	0.984	0.115
C13	−0.055	0.974	0.054
C21	0.374	0.012	0.904
C22	0.429	0.112	0.893
C23	0.484	0.121	0.947
C31	0.998	0.012	0.459
C32	0.992	0.038	0.462
C33	0.993	−0.028	0.455
C35	0.995	−0.011	0.467

提取方法：主成分分析
旋转法：具有 Kaiser 标准化的斜交旋转法

数据来源：IBM SPSS Statistics 20。

3. EFA 所得量表的信度检验

由表 5-32 可知，删除题项 C34 后的智力资本量表总体及各分构面均以较高的 Cronbach 系数通过信度检验，因此量表具有较强的稳定性。

表 5-32　　　　　　　　EFA 后智力资本量表信度检验

信度检验对象	Cronbach's Alpha	项数
EFA 后智力资本量表总体	0.839	10
人力资本构面：题项 C11~C13	0.977	3
结构资本构面：题项 C21~C23	0.901	3
关系资本构面：题项 C31~C33，C35	0.996	4

数据来源：IBM SPSS Statistics 20。

5.2.4 突破性技术创新绩效量表的 EFA

1. 突破性技术创新绩效量表的首次 EFA

由表 5 – 33 可知，突破性技术创新绩效因子分析 KMO 值介于"适合进行因子分析"与"极适合进行因子分析"标准范围，而 Bartlett 球形检验进一步说明指标间的净相关系数为 0，适合进行因子分析。

表 5 – 33　　　　　突破性技术创新绩效因子分析样本适切性检验

KMO 和 Bartlett 的检验		
取样足够度的 Kaiser – Meyer – Olkin 度量		0.868
Bartlett 的球形度检验	近似卡方	1316.800
	df	21
	Sig.	0.000

数据来源：IBM SPSS Statistics 20。

《附录 G　突破性技术创新绩效量表 EFA 反映象矩阵》和表 5 – 34 显示只有题项 D7 MSA 值低于阈值，因而如果后续分析结果与理论因子结构相违背，将首先考虑删除题项 D7。

表 5 – 34　　　　突破性技术创新绩效量表主成分分析公因子方差

公因子方差		
题项	初始	提取
D1	1.000	0.991
D2	1.000	0.983
D3	1.000	0.992
D4	1.000	0.992
D5	1.000	0.975
D6	1.000	0.988
D7	1.000	0.020

提取方法：主成分分析

数据来源：IBM SPSS Statistics 20。

　　基于主成分分析，以特征值大于 1 为标准，对突破性技术创新绩效理论量表抽取主成分，尽管理论上只有一个构面，如果样本数据结果与理论结果不相符，则选择正交转轴法（最大方差法）对因子矩阵进行旋转，以更好地区分各题项归属因子，所得结果如表 5 - 35 和表 5 - 36 所示。

　　由表 5 - 35 可知，所抽取的主成分能够很好地描述样本数据，而表 5 - 36 显示只有题项 D7 因子载荷过低，尝试删除题项 D7 后，重新执行 EFA，如果结果指标没有改善，则恢复题项 D7。

表 5 - 35　　　　　　　突破性技术创新绩效主成分分析抽取主成分的解释方差

成分	解释的总方差					
	初始特征值			提取平方和载入		
	合计	方差/（%）	累积/（%）	合计	方差/（%）	累积/（%）
1	5.940	84.862	84.862	5.940	84.862	84.862
2	0.983	14.048	98.910			
3	0.037	0.522	99.432			
4	0.026	0.377	99.809			
5	0.007	0.097	99.906			
6	0.004	0.056	99.962			
7	0.003	0.038	100.000			

提取方法：主成分分析

数据来源：IBM SPSS Statistics 20。

表 5 - 36　　　　　　　　　突破性技术创新绩效因子成分矩阵

题项	成分矩阵[a]
	成分
	1
D1	0.995
D2	0.992
D3	0.996
D4	0.996
D5	0.988

续表

成分矩阵ª	
题项	成分
	1
D6	0.994
D7	− 0.142

提取方法：主成分分析

a. 已提取了 1 个成分

数据来源：IBM SPSS Statistics 20。

2. 删除题项 D7 后的 EFA

由于删除题项 D7 后的反映象矩阵与公因子方差均没有显示任何需要考虑删除的题项，限于篇幅，将不罗列上述两个表格。

由表 5 - 37 可知，针对剩余题项 D1 ~ D6，只抽取了一个主成分，且解释总方差比率为 98.723%，能够很好地描述样本数据，且与理论因子结构相符，因此以此结果结束突破性技术创新绩效 EFA。

表 5 - 37　删除题项 D7 后突破性技术创新绩效主成分分析抽取主成分解释方差

	解释的总方差					
成分	初始特征值			提取平方和载入		
	合计	方差/(%)	累积/(%)	合计	方差/(%)	累积/(%)
1	5.923	98.723	98.723	5.923	98.723	98.723
2	0.037	0.609	99.332			
3	0.026	0.441	99.773			
4	0.007	0.115	99.888			
5	0.004	0.067	99.955			
6	0.003	0.045	100.000			

提取方法：主成分分析

数据来源：IBM SPSS Statistics 20。

3. EFA 所得量表的信度检验

由表 5 - 38 可知，删除题项 D7 后的突破性技术创新绩效量表以很高的 Cronbach 系数通过信度检验，因此量表具有很强的稳定性。

表 5 - 38 删除题项 D7 后突破性技术创新绩效量表信度检验

信度检验对象	Cronbach's Alpha	项数
EFA 后量表总体	0.997	6

数据来源：IBM SPSS Statistics 20。

5.3 各量表验证性因子分析

5.3.1 CFA 要点及检验内容

经过 EFA 删除不适题项，并通过信度检验后，在应用该量表进行建模前，还需要对 EFA 所得的量表因子结构进行 CFA，以假设检验的方式来验证 EFA 所得量表因子结构的统计显著性。在进行 CFA 前，有以下四点需要说明。

（1）待估计的自由参数不得超过样本数量，否则会造成自由度为负值，在不能增大样本量的情况下，可将部分自由参数修正为固定参数或者设为相等。

（2）由于测量会有误差，每个测量指标均需要添加一个误差变量，通常假定不同指标的误差变量间相互独立，且服从均值为 0 的正态分布，考虑到必须为潜变量（测量误差因不可观测性，也属于潜变量）界定单位尺度，以让模型可以收敛，可以考虑将方差限定为 1，即将潜变量限制为以标准化方差来作为共同单位；或者考虑将误差变量对测量指标的路径系数固定为非 0 的数值（一般取 1），即将测量变量的单位设定为潜变量的参考尺度，本研究选择后一种方式。

（3）潜变量（此处即构面或构念）对其测量指标的影响，需要将其中一个测量指标变量的路径系数固定为 1，才能顺利进行参数估计，而如此操作的原因与测量误差项部分的处理原因相同。

（4）如果应用 AMOS 软件构建模型，多因子测量模型的潜变量间无论是否存在相关性，都需要通过双箭头的形式指明因子间的共变关系，对于正交测量模型，即因子间无相关性，可以对上述共变关系参数设定为0。

CFA 需要检验以下内容。

（1）基本拟合度检验。①如果存在测量误差的方差为负值，说明所构建的模型不符合模型辨认规则，通常为软件操作问题，如果使用 AMOS 建模，可以检查上述四点说明是否满足；②因子载荷量是否为0.5以上，由于因子载荷量即标准化回归系数，代表的是潜变量对测量指标的影响程度，本研究认为在因子载荷量显著不为0的情况下，上述标准可以适当放宽，即允许因子载荷量为0.5以下；③如果存在估计参数的标准误差大于1，说明该参数估计偏差很大。

（2）整体模型拟合度检验。①如果模型卡方检验 p 值大于0.05，说明模型没有显著不拟合样本数据，即模型拟合良好；②RMSEA 值（渐进残差均方和平方根，Root Mean Square Error of Approximation）测量了总体和样本的假设模型隐含协方差矩阵差异值，并将模型复杂度列入考虑，RMSEA 作为一种综合拟合指标通常被视为最重要的拟合指标，RMSEA 数值为0.08~0.10，模型具有普通拟合性，为0.05~0.08 表示模型具有合理拟合性，而数值小于0.05 表示模型拟合度很好；③作为补充指标，AGFI 值（Adjusted Goodness-of-fit Index，调整后良好拟合性指标）相当于回归分析中的调整后决定系数，通常其数值大于0.9 表示模型拟合良好。

（3）模型内在质量检验。①所估计参数需要达到显著性水平；②测量指标的信度系数（即因子载荷量平方）应高于0.5；③作为测量模型的主要信度指标——组合信度（Composite Reliability）若大于0.6，表示模型具有良好的构念效度，需要指出的是 AMOS 软件并没有提供组合指标，计算公式为

$$\rho = \frac{(\sum \lambda)^2}{(\sum \lambda)^2 + [\sum (\theta)]}$$

式中，λ 为测量指标在潜变量上的标准化参数估计值（即因子载荷），θ 为各测量变量的标准化误差方差，计算方法为 $1 - R^2$，而 R^2 可以通过 AMOS 软件的多重相关平方值（Squared Multiple Correlation）得到；④AVE（Average Variance Extracted，平均方差抽取量）作为收敛效度指标，其反映的是潜变量可以解释其指标变量方差的比率，AVE 数值越高，表示测量指标越能反映其共同因子构念的潜在特质，计算公式为

$$\rho = \frac{(\sum \lambda^2)}{(\sum \lambda^2) + [\sum (\theta)]}$$

式中，各项组成部分均与组合信度相同，不再赘述；⑤标准化残差（Standardized Residual）绝对值如果大于 2.58，表示模型存在设定误差（Specification Error），需要对模型进行调整。

以剩余的与 EFA 相独立的 208 个样本，分别对结构嵌入、关系嵌入、智力资本以及突破性技术创新绩效量表进行 CFA。

5.3.2 结构嵌入量表的 CFA

在 EFA 阶段，假设网络规模、网络密度以及网络中心性估计之间相互独立，因而在 CFA 部分，首先构建了直交因子模型，模型及标准化参数估计如图 5.1 所示。

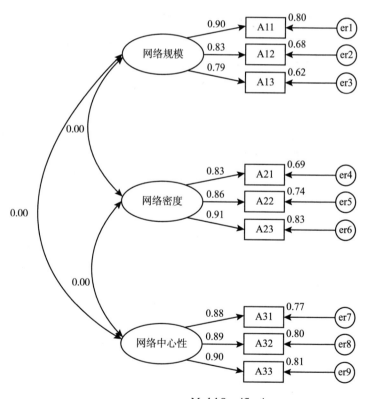

Model Specification
卡方值=27.850（*p*=0.419）　自由度=27
RMSEA=0.012　AGFI=0.954

图 5.1　结构嵌入量表正交测量模型及标准化参数估计

将 5.3.1 节中涉及的检验内容及结果汇总见表 5 - 39。

由表 5 - 39 可知，基于正交因子假设所得的 CFA 模型尽管在关键性指标——组合信度和 AVE 上都通过，但存在一处检验不通过——存在三组修正指标大于 5。修正指标 MI 值表示对推荐参数进行设置（例如建立理论上假设相互独立的误差项之间共享方差参数）后模型整体卡方值减少的数量，与之匹配的指标未期望参数改变值（在 Amos 中为 Par Change），即按照推荐设置能够影响的参数数值改变的大小，只有较大的修正指标配上大的期望参数改变值，此修正才有意义，但对参数作出修正时，必须不能违背 SEM 模型的基本规则和理论基础，例如不可以建立潜变量和观察变量间的共变关系等。需要说明：如果模型整体拟合良好，并没有必要根据修正指标检验部分提供的建议进行修正，为了更低的卡方值而过度拟合样本数据，容易引致过拟合（Overfitting）问题。由上述分析可知，正交模型已经能够很好地拟合样本数据，EFA 所得结构嵌入量表因子结构得以验证。

表 5 - 39　　　　　　　　　结构嵌入量表正交测量模型检验结果汇总

评价维度	评价项目	检验结果	模型拟合判断
基本拟合度	误差变量不存在负方差	误差变量方差均为正数	拟合性良好
	因子载荷量大于 0.5	最小因子载荷为 0.79	拟合性良好
	估计参数不存在较大标准误差	所有估计参数的标准误差为 0.022 ~ 0.126	拟合性良好
整体拟合度	模型卡方检验不显著	p 值为 0.419	拟合性良好
	RMSEA 值小于 0.08	RMSEA = 0.012	拟合性良好
	AGFI 值大于 0.9	AGFI = 0.954	拟合性良好
内在质量	所有估计参数通过显著性检验	全部通过	拟合性良好
	单一测量题项信度系数大于 0.5	信度系数最小为 $0.79^2 = 0.6241$	拟合性良好
	组合信度大于 0.6	网络规模 0.877；网络密度 0.901；网络中心性 0.920	拟合性良好
	AVE 大于 0.5	网络规模 0.703；网络规模 0.753；网络规模 0.793	拟合性良好
	标准化残差绝对值小于 2.58	最大值为 1.984	拟合性良好

续表

评价维度	评价项目	检验结果	模型拟合判断
内在质量	修正指标小于 5	存在三组误差项间的共变关系的修正系数超过 5： error6 和 error7：MI = 5.108； error5 和 error7：MI = 6.906； error5 和 error9：MI = 8.619	待结合其他指标综合评估

5.3.3 关系嵌入量表的 CFA

关系嵌入量表的正交测量模型及标准化参数估计如图 5.2 所示。

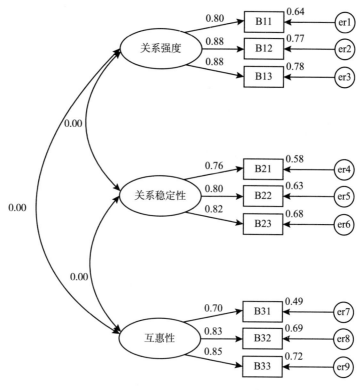

Model Specification
卡方值=26.951（p=0.466） 自由度=27
RMSEA=0.000 AGFI=0.956

图 5.2 关系嵌入量表的正交测量模型及标准化参数估计

表 5 - 40 汇总了关系嵌入量表正交测量模型检验结果。

表 5 - 40   关系嵌入量表正交测量模型检验结果汇总

评价维度	评价项目	检验结果	模型拟合判断
基本拟合度	误差变量不存在负方差	误差变量方差均为正数	拟合性良好
	因子载荷量大于 0.5	最小因子载荷为 0.70	拟合性良好
	估计参数不存在较大标准误差	所有估计参数的标准误差为 0.040 ~ 0.110	拟合性良好
整体拟合度	模型卡方检验不显著	p 值为 0.466	拟合性良好
	RMSEA 值小于 0.08	RMSEA = 0.000	拟合性良好
	AGFI 值大于 0.9	AGFI = 0.956	拟合性良好
内在质量	所有估计参数通过显著性检验	全部通过	拟合性良好
	单一测量题项信度系数大于 0.5	最低信度系数 $0.70^2 = 0.49$	待结合其他指标综合评估
	组合信度大于 0.6	关系强度 0.89；关系稳定性 0.84；互惠性 0.84	拟合性良好
	AVE 大于 0.5	关系强度 0.73；关系稳定性 0.63；互惠性 0.63	拟合性良好
	标准化残差绝对值小于 2.58	最大值为 1.554	拟合性良好
	修正指标小于 5	全部小于 5	拟合性良好

由表 5 - 40 可知，除最低信度系数略低于阈值之外，其余指标均显示模型能够很好地拟合样本数据，总体来说，EFA 所得关系嵌入量表因子结构得以验证。

5.3.4 智力资本嵌入量表的 CFA

根据理论假设，智力资本作为创新网络和突破性技术创新绩效的中介变量，其各构面受到结构嵌入和关系嵌入的共同影响，因而智力资本各构面在理论上存在相关性。智力资本嵌入量表的斜交模型及标准化参数估计如图 5.3 所示。

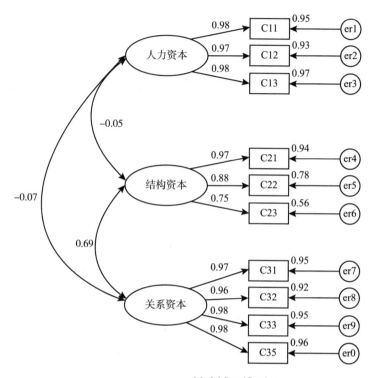

Model Specification
卡方值=34.156（*p*=0.364） 自由度=32
RMSEA=0.018 AGFI=0.950

图5.3 智力资本嵌入量表斜交测量模型及标准化参数估计

由表5－41可知，模型整体卡方检验不显著，没有必要根据修正指标进行模型修正，因而EFA所得智力资本量表的因子结构得以验证。

表5－41　　　　　　智力资本嵌入量表斜交测量模型检验结果汇总

评价维度	评价项目	检验结果	模型拟合判断
基本拟合度	误差变量不存在负方差	误差变量方差均为正数	拟合性良好
	因子载荷量大于0.5	C23题项因子载荷为0.75	拟合性良好
	估计参数不存在较大标准误差	所有估计参数的标准误差为0.006~0.123	拟合性良好
整体拟合度	模型卡方检验不显著	*p*值为0.364	拟合性良好
	RMSEA值小于0.08	RMSEA=0.018	拟合性良好
	AGFI值大于0.9	AGFI=0.950	拟合性良好

评价维度	评价项目	检验结果	模型拟合判断
内在质量	所有估计参数通过显著性检验	全部通过	拟合性良好
	单一测量题项信度系数大于0.5	最低信度系数为 $0.75^2 = 0.5625$	拟合性良好
	组合信度大于0.6	人力资本0.98； 结构资本0.90； 关系资本0.99	拟合性良好
	AVE大于0.5	人力资本0.95； 结构资本0.76； 关系资本0.95	拟合性良好
	标准化残差绝对值小于2.58	最大值为0.728	拟合性良好
	修正指标小于5	三个修正指标大于5； error0 和结构资本共变关系 MI = 7.786； error4 和 error0 共变关系 MI = 8.844； 题项 C35 对题项 C21 的回归关系 MI = 5.072	待结合其他指标综合评估

5.3.5 突破性技术创新绩效量表的 CFA

突破性技术创新绩效量表测量模型及标准化参数估计如图5.4所示。

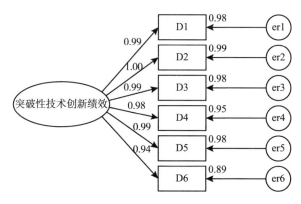

Model Specification
卡方值=47.184（p=0.000） 自由度=9
RMSEA=0.143 AGFI=0.835

图 5.4 突破性技术创新绩效量表测量模型及标准化参数估计

由图5.4可知，上述模型卡方检验通过，说明该模型并不能拟合样本数据，修正指标最大的参数为 error1 和 error6 的共变关系（MI = 19.76）；修正后模型卡方检验仍然显著，进一步建立 error1 和 error6 的共变关系（MI = 10.551）；修正好模型卡方检验仍然显著，进一步建立 error4 和 error5 的共变关系（MI = 5.661），最终得到如图5.5所示修正模型及标准化参数估计。

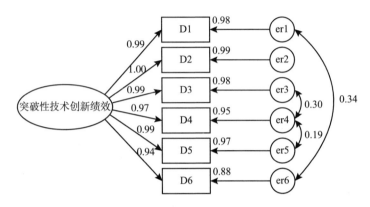

Model Specification
卡方值=9.134（p=0.166） 自由度=6
RMSEA=0.050 AGFI=0.949

图5.5 突破性技术创新绩效量表修正测量模型及标准化参数估计

表5 – 42汇总了突破性技术创新绩效修正后测量模型检验结果，由表5 – 42可知，EFA所得因子结构得以验证。

表 5 – 42　　　　　　突破性技术创新绩效修正后测量模型检验汇总

评价维度	评价项目	检验结果	模型拟合判断
基本拟合度	误差变量不存在负方差	误差变量方差均为正数	拟合性良好
	因子载荷量大于0.5	最小值为0.94	拟合性良好
	估计参数不存在较大标准误差	所有估计参数的标准误差为0.002 ~ 0.124	拟合性良好
整体拟合度	模型卡方检验不显著	p 值为0.166	拟合性良好
	RMSEA 值小于0.08	RMSEA = 0.050	拟合性良好
	AGFI 值大于0.9	AGFI = 0.949	拟合性良好

续表

评价维度	评价项目	检验结果	模型拟合判断
内在质量	所有估计参数通过显著性检验	全部通过	拟合性良好
	单一测量题项信度系数大于0.5	最小值为 0.94（最低信度系数为 $0.94^2 = 0.8836$）	拟合性良好
	组合信度大于0.6	组合信度为 0.99	拟合性良好
	AVE 大于 0.5	AVE 为 0.96	拟合性良好
	标准化残差绝对值小于 2.58	最大值为 0.049	拟合性良好
	修正指标小于 5	全部小于 5	拟合性良好

5.4 创新网络对突破性技术创新绩效影响机制验证

5.4.1 相关构念间关系检验

1. 结构嵌入与突破性技术创新绩效间关系检验

以企业成立年限和企业规模为控制变量，以结构嵌入三个构面潜变量（网络规模、网络密度与网络中心性）对突破性技术创新绩效进行回归，结果见表 5－43。

表 5－43　　　结构嵌入与突破性技术创新绩效间关系检验结果

结构嵌入	突破性技术创新绩效	
	回归系数	p 值
常数项	1.030	< 0.001
企业成立年限	−0.457	< 0.001
企业规模	−0.069	0.290
网络规模	0.308	< 0.001
网络密度	0.168	0.001
网络中心性	0.441	< 0.001
调整的 R^2	0.465	

数据来源：IBM SPSS Statistics 20。

由拟合结果来看，企业规模与突破性技术创新绩效间关系不显著，结构嵌入三个构面与突破性技术创新绩效间均存在显著的正向影响，企业成立年限与突破性技术创新绩效间存在负向影响，假设1a得以验证。

2. 关系嵌入与突破性技术创新绩效间关系检验

以企业成立年限和企业规模为控制变量，以关系嵌入三个构面潜变量（关系强度、关系稳定性与互惠性）对突破性技术创新绩效进行回归，结果见表5－44。

表5－44　　　　　　　　关系嵌入与突破性技术创新绩效间关系检验结果

结构嵌入	突破性技术创新绩效	
	回归系数	p 值
常数项	1.437	<0.001
企业成立年限	−0.520	<0.001
企业规模	−0.215	0.002
关系强度	0.222	<0.001
关系稳定性	0.280	<0.001
互惠性	0.339	<0.001
调整的 R^2	0.400	

数据来源：IBM SPSS Statistics 20。

由拟合结果来看，关系嵌入三个构面与突破性技术创新绩效间均存在显著的正向影响，企业成立年限和企业规模均对突破性技术创新绩效间存在显著的负向影响，假设1b得以验证。

3. 结构嵌入与智力资本间关系检验

以企业成立年限和企业规模为控制变量，以结构嵌入三个构面潜变量（网络规模、网络密度与网络中心性）分别对智力资本三个构面（人力资本、结构资本与关系资本）进行回归，结果见表5－45。

表 5 – 45   结构嵌入与智力资本间关系检验结果

结构嵌入	人力资本		结构资本		关系资本	
	回归系数	p 值	回归系数	p 值	回归系数	p 值
常数项	1.763	<0.001	– 0.049	0.812	0.078	0.719
企业成立年限	– 0.899	<0.001	0.109	0.132	0.023	0.766
企业规模	0	0.997	– 0.085	0.246	– 0.063	0.415
网络规模	– 0.073	0.116	0.223	<0.001	0.295	<0.001
网络密度	0.095	0.04	0.464	<0.001	– 0.224	<0.001
网络中心性	0.249	<0.001	0.206	0.001	0.327	<0.001
调整的 R^2	0.565		0.314		0.232	

数据来源：IBM SPSS Statistics 20。

由表 5 – 45 可知，结构嵌入与智力资本间的回归关系中，企业成立年限和企业规模的影响均不显著，值得注意的是网络密度对关系资本的回归关系呈现了负向关系，且达到显著性水平，该现象与理论出现明显违背，需要结合后续结构方程模型进一步分析，不能就此断定其影响方向为负向。

4. 关系嵌入与智力资本间关系检验

以企业成立年限和企业规模为控制变量，以关系嵌入三个构面潜变量（关系强度、关系稳定性与互惠性）分别对智力资本三个构面（人力资本、结构资本与关系资本）进行回归，结果见表 5 – 46。

表 5 – 46   关系嵌入与智力资本间关系检验

结构嵌入	人力资本		结构资本		关系资本	
	回归系数	p 值	回归系数	p 值	回归系数	p 值
常数项	1.812	<0.001	0.340	0.130	0.325	0.091
企业成立年限	– 0.876	<0.001	0.072	0.367	– 0.061	0.371
企业规模	– 0.048	0.436	– 0.248	0.002	– 0.106	0.119
关系强度	0.021	0.679	– 0.143	0.026	0.504	<0.001
关系稳定性	– 0.060	0.226	0.204	0.002	0.245	<0.001
互惠性	– 0.041	0.415	0.301	<0.001	0.296	<0.001
调整的 R^2	0.495		0.167		0.392	

数据来源：IBM SPSS Statistics 20。

由表 5 - 46 可知，关系嵌入各构面对于人力资本影响均不显著，结合之前分析可知，人力资本主要受结构嵌入各构面影响。

5. 智力资本与突破性技术创新绩效间关系检验

以企业成立年限和企业规模为控制变量，以智力资本三个构面潜变量（人力资本、结构资本与关系资本）对突破性技术创新绩效进行回归，并基于理论分析，添加了人力资本和结构资本的二次项，回归结果见表 5 - 47。

表 5 - 47　　　　　　　关系嵌入与突破性技术创新绩效间关系检验

结构嵌入	突破性技术创新绩效	
	回归系数	p 值
常数项	0.615	< 0.001
企业成立年限	- 0.241	< 0.001
企业规模	- 0.003	0.930
人力资本	0.306	< 0.001
人力资本平方	- 0.079	< 0.001
结构资本	0.519	< 0.001
结构资本平方	- 0.057	< 0.001
关系资本	0.605	< 0.001
调整的 R^2	0.895	

数据来源：IBM SPSS Statistics 20。

由表 5 - 47 可知，人力资本和结构资本对突破性技术创新绩效存在显著的倒"U"型影响，验证了假设 2a 和假设 2b。关系资本对突破性技术创新绩效具有显著的正向影响，验证假设 2c。

综上所述，可以确定结构嵌入和关系嵌入均对智力资本与突破性技术创新绩效产生影响，而智力资本对突破性技术创新绩效也有显著影响，因而可以进一步探讨上述影响关系的影响机制，即检验智力资本作为结构嵌入和关系嵌入对突破性技术创新绩效影响过程中的中介作用。

5.4.2　中介效应检验技术要点及思路

1. 中介效应检验技术要点

结构方程模型能够更好地表示因果逻辑并同时估计路径参数，能够更好地进行中介检验。

应用结构方程模型进行中介效应验证有以下三点需要说明。

（1）直接效应和间接效应的定义。直接效应是指一个潜变量对另外一个潜变量的直接影响，即路径系数，而间接效应是指一个潜变量通过其他变量对另外一个潜变量的影响，常用多个路径的乘积来衡量。

（2）直接效应统计显著性可以直接由路径系数统计检验 p 值来判定。

（3）基于直接效应和间接效应检验的中介效应检验思路。举例来说，如果要验证自变量 A、中介变量 B 以及因变量 C 的中介效应，倘若 A 对 C 的直接效应为 0 而间接效应通过显著性检验，说明完全中介效应得以验证；而假使 A 对 C 存在显著不为 0 的直接效应而间接效应通过显著性检验，说明存在部分中介效应。

2. 中介效应技术检验思路

为了更加系统地阐述中介效应检验思路，从以下三点展开。

（1）中介效应分析的数理模型定义。对中介效应分析的数理模型概述为以下两个公式，其中 M 为中介变量，X 为自变量，Y 为因变量，其中 $\hat{c}'$ 为 X 对 Y 的直接效应（Direct Effect），$\hat{a}'\hat{b}'$ 为 X 以 M 中介对 Y 的间接效应（Indirect Effect），而全效应（Total Effect）即间接效应 + 直接效应。

$$M = i_1 + \hat{a}X + e_1$$
$$Y = i_2 + \hat{c}'X + \hat{b}M + e_2$$

（2）检验中介效应的常用步骤。目前最广泛使用的中介效应评估方法是四步法：第一步，验证自变量影响因变量，即验证自变量和因变量间回归方程的系数是否显著；第二步，验证自变量影响中介变量，即验证自变量和中介变量间回归方程的系数是否显著，假定中介变量是自变量的结果变量；第三步，在控制了自变量的情况下验证中介变量影响因变量，即验证自变量、中介变量和因变量回归方程的系数是否均显著；第四步，控制中介变量后，自变量对因变量的回归系数不能通过显著性检验，或明显减小。

（3）常用步骤的改进与验证思路。尽管上述方法是目前最常用的中介效应检验方法，但具有很低的统计效力（Statistical Power），即对于真实存在的影响不能有效识别，而最有效的方式只需要验证第二步和第三步同时成立，即只需要验证间接效应的存在性；以简单回归为核心方法的验证策略不适用含有可因可果变量等复杂地因果逻辑模型，而结构方程模型能够更好地表示因果逻辑并同时估计路径参数，能够更好地进行中介检验。因而首先基于结构方程模型进行自变量、中介变量和因变量间的逻辑关系，在此基础上，用两部验证法来验证中介效应是否存在，即只需要明确间接效应的显著性，由于直接效应是否显著直接影响到中介效应的类别，即完全中介效应（直接效应不显著）还是部分中介效应（直接效应显著），因而本书只对直接效应和间接效应相关数值予以展示，而完全效应只是两者的简单相加，并不直接作用于中介效应的检验，且由于样本数据有限，所得估计值绝对值本身意义不大，限于篇幅和指标的有效性，将不予展示完全效应值这一累赘指标。

在明确了验证思路之后，还需要进一步明确如果通过结构方程模型确定直接效应和间接效应，直接效应统计显著性可以直接由路径系数统计检验 p 值来判定；但是对于间接效应，偏差修正自助法（Bias-corrected Bootstrapping，BC - Bootstrapping）是间接效应检验的最佳方法，这也是众多研究者在一系列模拟研究基础上对于间接效应检验的共识。然而，一个实际问题是，大部分结构方程模型软件虽然提供基于 BC - Bootstrapping 的总间接效应，但并没有提供单一间接效应的置信区间，对于存在多个中介变量的模型，将无法查看单一间接效应是否通过显著性检验。对此，BC - Bootstrapping 间接效应执行区间替代方法——联合显著性检验（Test for Joint Significance，TJS）是十分直观和简单的，即如果要验证潜变量 A 到潜变量 B 的间接效应的显著性，假设 A 和 B 之间存在两条路径 Path Ⅰ 和 Path Ⅱ，只有 Path Ⅰ 和 Path Ⅱ 的显著性检验均通过时，才可以认为间接效应通过显著性检验。因为 TJS 过于直观和简单，很多研究者并不相信该检验的效力，他们通过蒙特卡罗模拟方法证明，基于 TJS 的间接效应检验方法甚至比 BC - Bootstraping 表现更加出色，能够很好地平衡第一类错误和统计效力，因而采用 TJS 来对单一间接效应进行检验。

5.4.3 初始结构模型构建与修正

表 5 - 48 显示了各变量极值、偏度、峰度以及 Mardia 多元正态性检验结果。

表 5 – 48 样本数据正态性检验

题项	最小值	最大值	偏度	临界比	峰度	临界比
D6	1.000	7.000	−0.488	−2.872	0.218	0.643
D5	1.000	7.000	−0.639	−3.763	0.624	1.838
D4	1.000	7.000	−0.686	−4.037	0.673	1.980
C35	1.000	7.000	−0.472	−2.776	0.337	0.991
A13	1.000	7.000	−1.253	−7.378	2.902	8.543
A12	1.000	7.000	−0.829	−4.878	1.527	4.496
A11	1.000	7.000	−0.920	−5.415	1.944	5.723
A23	1.000	7.000	−1.164	−6.852	1.366	4.023
A22	1.000	7.000	−0.955	−5.625	1.319	3.883
A21	1.000	7.000	−0.963	−5.669	1.262	3.716
A33	1.000	7.000	−1.668	−9.823	5.943	17.496
A32	1.000	7.000	−1.912	−11.258	5.933	17.465
A31	1.000	7.000	−1.861	−10.955	8.085	23.803
B13	1.000	7.000	−1.291	−7.603	2.439	7.181
B12	1.000	7.000	−1.094	−6.442	1.755	5.167
B11	1.000	7.000	−0.615	−3.623	1.212	3.567
B23	1.000	7.000	−1.084	−6.382	3.507	10.325
B22	1.000	7.000	−0.925	−5.446	1.735	5.109
B21	1.000	7.000	−0.866	−5.099	2.693	7.927
D1	1.000	7.000	−0.546	−3.214	0.447	1.317
D2	1.000	7.000	−0.583	−3.433	0.552	1.624
D3	1.000	7.000	−0.664	−3.909	0.798	2.350
B33	1.000	7.000	−1.824	−10.737	6.549	19.278
B32	1.000	7.000	−1.426	−8.396	4.346	12.793
B31	1.000	7.000	−1.081	−6.367	2.706	7.966
C31	1.000	7.000	−0.591	−3.480	0.390	1.149

续表

题项	最小值	最大值	偏度	临界比	峰度	临界比
C32	1.000	7.000	−0.462	−2.718	0.406	1.196
C33	1.000	7.000	−0.431	−2.537	0.212	0.624
C11	1.000	7.000	−0.225	−1.322	−0.314	−0.924
C12	1.000	7.000	−0.254	−1.493	−0.088	−0.259
C13	1.000	7.000	−0.318	−1.872	−0.246	−0.723
C21	1.000	7.000	−0.346	−2.035	0.260	0.765
C22	1.000	7.000	−0.409	−2.407	0.497	1.463
C23	1.000	7.000	−0.024	−0.139	0.365	1.074
各题项整体			卡方值		临界比	
Mardia 多元正态性检验			137.136		19.987	

数据来源：IBM SPSS Amos 24。

由表 5-48 可知，Mardia 多元正态性检验卡方值为 137.136，一般情况下，临界比率数值超过 5 时，即可认为正态性假设不满足，由此可知，所设变量不适合以正态性假设为基础的参数估计方法（例如 ML 估计法和 GLS 估计法），因而引入自助法（Bootstrapping）进行参数估计。根据先前的理论基础和因子分析结论，构建了图 5.6 所示的初始潜变量结构模型。

基于自助法对初始模型进行参数估计，上述初始结构模型的卡方值为 574.455（自由度为 488），p 值为 0.004，即样本数据显著拒绝了初始模型，初始结构模型被样本数据拟合较弱是正常现象，尽管经过 EFA 和 CFA 分析后，模型已经明确了一部分基础假设，但在建立结构模型时仍然默许了一些基础假设，例如不同潜变量间的测量误差相互独立等，这些基础假设无法在理论分析层面进行有效验证，但建立测量误差项之间的共变关系，没有影响模型整体的因果逻辑，且能够整体检验卡方值，是一种修正模型以拟合样本数据的可选思路。

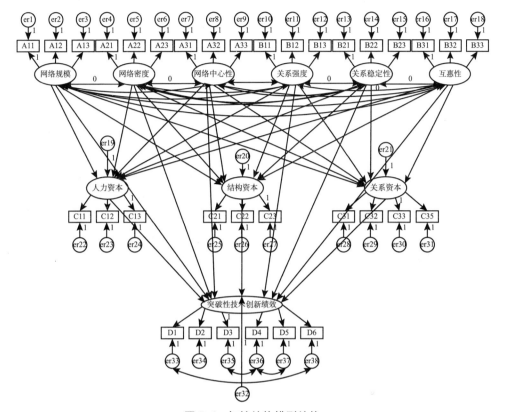

图 5.6　初始结构模型结构

　　查看修正指标，误差项 error38 和 error32 的共变关系对应 MI 值最高，建立两者共变关系后，重新对模型进行估计，修正后模型的卡方值降为 556.730（自由度为 487），p 值为 0.016，但修正后模型仍然被显著拒绝。然后，进一步对修正指标最高的误差项 error36 和 error32 建立共变关系，修正模型拟合结果显示，模型整体卡方检验仍显著，p 值为 0.042。接下来，对误差项 error30 和 error36 进行修正，修正后模型卡方值为 525.990（自由度为 485），p 值上升为 0.096，即该模型不能被样本数据显著拒绝，模型 RMSEA 值为 0.020 小于 0.08，AGFI 值为 0.849，整体上对样本数据拟合良好，最终模型结构及标准化参数估计如图 5.7 所示。

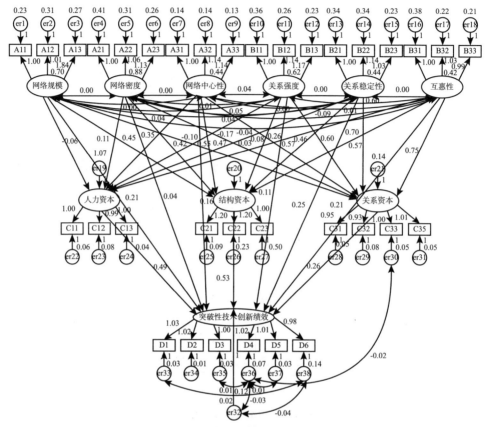

Model Specification
卡方值=525.990（p=0.096） 自由度=485
RMSEA=0.020 AGFI=0.849

图5.7 修正结构模型及标准化参数估计

5.4.4 智力资本中介效应检验

表5-49汇总了基于ML估计法和自助法的路径系数估计及显著性检验结果。

表5-49 ML和自助法估计的路径系数及显著性检验

路径	估计值	ML估计		自助法估计	
		标准差	p值	标准差	p值
人力资本←网络规模	-0.056	0.094	0.546	0.101	0.382
人力资本←网络密度	0.107	0.083	0.197	0.099	0.223

路径	估计值	ML 估计		自助法估计	
		标准差	p 值	标准差	p 值
人力资本←网络中心性	0.345	0.116	0.003	0.143	0.017
人力资本←关系强度	−0.096	0.098	0.331	0.097	0.336
人力资本←关系稳定性	−0.175	0.121	0.148	0.151	0.323
人力资本←互惠性	−0.258	0.123	0.036	0.140	0.041
结构资本←网络规模	0.445	0.055	***	0.056	0.005
结构资本←网络密度	0.421	0.051	***	0.068	0.015
结构资本←网络中心性	0.466	0.063	***	0.085	0.007
结构资本←关系强度	0.076	0.046	0.096	0.063	0.518
结构资本←关系稳定性	0.460	0.070	***	0.074	0.011
结构资本←互惠性	0.698	0.085	***	0.105	0.013
关系资本←网络规模	0.554	0.055	***	0.060	0.010
关系资本←网络密度	0.034	0.043	0.429	0.052	0.588
关系资本←网络中心性	0.573	0.064	***	0.070	0.010
关系资本←关系强度	0.596	0.060	***	0.071	0.042
关系资本←关系稳定性	0.573	0.071	***	0.091	0.013
关系资本←互惠性	0.753	0.080	***	0.079	0.018
突破性技术创新绩效←结构资本	0.531	0.132	***	0.156	0.011
突破性技术创新绩效←人力资本	0.492	0.026	***	0.033	0.007
突破性技术创新绩效←关系资本	0.259	0.096	0.007	0.144	0.014
突破性技术创新绩效←网络规模	0.206	0.098	0.036	0.112	0.027
突破性技术创新绩效←网络密度	0.040	0.065	0.540	0.081	0.630
突破性技术创新绩效←网络中心性	0.162	0.102	0.113	0.127	0.189
突破性技术创新绩效←关系强度	0.109	0.072	0.127	0.078	0.250
突破性技术创新绩效←关系稳定性	0.254	0.106	0.017	0.140	0.041
突破性技术创新绩效←互惠性	0.212	0.144	0.141	0.172	0.187

数据来源：IBM SPSS Amos 24。

注： *** 表示小于 0.001。

由表 5 - 49 可知，ML 估计普遍低估了标准差，所得 p 值更小，以差别最明显的路径为例，如果采用 ML 估计法，关系强度对结构资本的路径系数在显著性水平 0.1 的情况下通过显著性检验，但是在自助法下，其 p 值为 0.518，即无法通过显著性检验。基于所得变量不满足多元正态分布假设，后面将将参照自助法所得结果进行分析。

以显著性水平 0.05 为阈值，通过显著性检验的路径包括以下几个，见表 5 - 50。

表 5 - 50　　　　　　　　　　　假设检验结果

假设		假设内容	验证结果
H1		创新网络对突破性技术创新绩效的影响	
	H1a	网络的结构嵌入维度对突破性技术创新绩效具有显著正向影响	通过
	H1b	网络的关系嵌入维度对突破性技术创新绩效具有显著正向影响	通过
H2		智力资本对突破性技术创新绩效的影响	
	H2a	人力资本对突破性技术创新绩效呈倒 "U" 型影响	通过
	H2b	结构资本对突破性技术创新绩效呈倒 "U" 型影响	通过
	H2c	关系资本对突破性技术创新绩效具有显著正向影响	通过
H3		创新网络对智力资本的影响	
	H3a	结构嵌入维度对智力资本的影响	
	$H3a_{11}$	网络规模对人力资本具有显著正向影响	未通过
	$H3a_{12}$	网络规模对关系资本具有显著正向影响	通过
	$H3a_{13}$	网络规模对结构资本具有显著正向影响	通过
	$H3a_{21}$	网络中心性对人力资本具有显著正向影响	通过
	$H3a_{22}$	网络中心性对关系资本具有显著正向影响	通过
	$H3a_{23}$	网络中心性对结构资本具有显著正向影响	通过
	$H3a_{31}$	网络密度对人力资本具有显著正向影响	未通过
	$H3a_{32}$	网络密度对关系资本具有显著正向影响	未通过
	$H3a_{33}$	网络密度对结构资本具有显著正向影响	通过
	H3b	关系嵌入维度对智力资本的影响	
	$H3b_{11}$	关系强度对人力资本具有显著正向影响	未通过
	$H3b_{12}$	关系强度对关系资本具有显著正向影响	通过
	$H3b_{13}$	关系强度对结构资本具有显著正向影响	未通过

假设		假设内容	验证结果
	H3b$_{21}$	关系稳定性对人力资本具有显著正向影响	未通过
	H3b$_{22}$	关系稳定性对关系资本具有显著正向影响	通过
	H3b$_{23}$	关系稳定性对结构资本具有显著正向影响	通过
	H3b$_{31}$	互惠性对人力资本具有显著正向影响	未通过
	H3b$_{32}$	互惠性对关系资本具有显著正向影响	通过
	H3b$_{33}$	互惠性对结构资本具有显著正向影响	通过

第一，网络规模对关系资本的正向影响（p 值为 0.010），H3a$_{12}$ 得证。

第二，网络规模对结构资本的正向影响（p 值为 0.005），H3a$_{13}$ 得证。

第三，网络中心性对人力资本的正向影响（p 值为 0.017），H3a$_{21}$ 得证。

第四，网络中心性对关系资本的正向影响（p 值为 0.010），H3a$_{22}$ 得证。

第五，网络中心性对结构资本的正向影响（p 值为 0.007），H3a$_{23}$ 得证。

第六，网络密度对结构资本的正向影响（p 值为 0.015），H3a$_{33}$ 得证。

第七，关系强度对关系资本的正向影响（p 值为 0.042），H3b$_{12}$ 得证。

第八，关系稳定性对关系资本的正向影响（p 值为 0.013），H3b$_{22}$ 得证。

第九，关系稳定性对结构资本的正向影响（p 值为 0.011），H3b$_{23}$ 得证。

第十，互惠性对关系资本的正向影响（p 值为 0.018），H3b$_{32}$ 得证。

第十一，互惠性对结构资本的正向影响（p 值为 0.013），H3b$_{33}$ 得证。

接下来对智力资本的中介效应加以检验，具体见表 5–51 和表 5–52。

表 5–51　　　　　　　　　直接效应和间接效应系数汇总

效应分解	结果变量	网络规模	网络密度	网络中心性	关系强度	关系稳定性	互惠性	人力资本	结构资本	关系资本
直接效应	人力资本	−0.056	0.107	0.345	−0.096	−0.175	−0.258	0	0	0
	结构资本	0.445	0.421	0.466	0.076	0.460	0.698	0	0	0
	关系资本	0.554	0.034	0.573	0.596	0.573	0.753	0	0	0
	突破性技术创新绩效	0.206	0.040	0.162	0.109	0.254	0.212	0.492	0.531	0.259

效应 TJS 检验均需要用到此结论，不再赘述），基于 TJS 检验原理，由于网络规模只对结构资本和关系资本有显著的直接影响（ p 值分别为 0.005 和 0.010），因而在网络规模对突破性技术创新绩效的显著影响中，结构资本和关系资本分别起到显著的中介作用，且由于网络规模对突破性技术创新绩效有显著的直接效应（ p 值为 0.027），因而该中介作用为部分中介作用。

（2）网络密度对突破性技术创新绩效有显著的间接影响（ $p = 0.021$），但是网络密度只对结构资本有显著的直接影响，因而在网络密度对突破性技术创新绩效的显著影响中，只有结构资本起到显著的中介作用，但由于网络密度对突破性技术创新绩效的直接效应不显著（ p 值为 0.630），因而该中介作用为完全中介作用。

（3）网络中心性对突破性技术创新绩效有显著的间接影响（ $p = 0.004$），并且网络中心性对三个中介变量均有显著的直接影响（ p 值分别为 0.017、0.007、0.01），因而在网络中心性对突破性技术创新绩效的显著影响中，人力资本、结构资本和关系资本分别起到显著的中介作用，但由于网络中心性对突破性技术创新绩效的直接效应不显著（ p 值为 0.189），因而该中介作用为完全中介作用。

（4）关系稳定性对突破性技术创新绩效有显著的间接影响（ $p = 0.045$），而其只对结构资本和关系资本有显著的直接影响（ p 值分别为 0.011 和 0.013），因而在关系稳定性对突破性技术创新绩效的显著影响中，结构资本和关系资本分别起到显著的中介作用，但由于关系稳定性对突破性技术创新绩效的直接效应显著（ p 值为 0.041），因而上述中介作用为部分中介作用。

（5）互惠性对突破性技术创新绩效有显著的间接影响（ $p = 0.026$），而互惠性对三个中介变量均有显著的直接影响（ p 值分别为 0.041、0.013、0.018）。需要说明的是，表 5 - 46 的人力资本与互惠性的简单线性回归结果显示，其负向影响系数显著性检验不通过，而根据表 5 - 49 可知，在互惠性对人力资本的回归系数为 - 0.258 < 0，且其 p 值为 0.041，即根据所得样本数据并基于结构方程模型，在 0.05 的显著性水平下，互惠性对人力资本有负向显著影响，上述结果均说明 H3b$_{31}$（互惠性对人力资本具有显著正向影响）不能通过。本书采用严格验证的结构方程模型构建策略，即只会在实测数据基础上验证先前提出的理论模型是否能够拟合样本数据，并不根据实测数据倒推因果逻辑，因此尽管由样本数据可以得到互惠性对人力资本的显著负向影响（在 SEM 模型下，且 p 值仅略小于 0.05），但其负向影响并不能由理论分析推出，因而建立由互惠性到人力资本的负向因果关系是不合理的。因而在互惠性对突破性技术创新绩效的显著影响中，

结构资本和关系资本分别起到显著的中介作用。通过表5-52，在互惠性对突破性技术创新绩效的显著影响中，结构资本和关系资本分别起到显著的中介作用，但由于互惠性对突破性技术创新绩效的直接效应不显著（p值为0.187），因而上述中介作用为完全中介作用。

表5-53   智力资本中介效应检验结果表

路径	人力资本	结构资本	关系资本
网络规模→突破性技术创新绩效		部分中介效应	部分中介效应
网络密度→突破性技术创新绩效		完全中介效应	
网络中心性→突破性技术创新绩效	完全中介效应	完全中介效应	完全中介效应
关系稳定性→突破性技术创新绩效		部分中介效应	部分中介效应
互惠性→突破性技术创新绩效		完全中介效应	完全中介效应

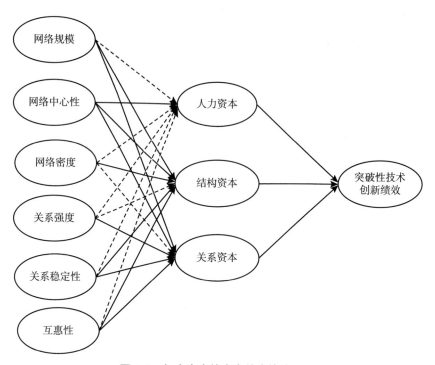

图5.8 智力资本的中介效应检验结果

5.5　本章小结

本章就创新网络对突破性技术创新绩效的影响机制进行实证研究，从样本企业特征和数据预处理、各量表探索性因子分析、各量表验证性因子分析及创新网络对突破性技术创新绩效影响机制的验证分析四个方面展开，得出两个方面的结论：首先创新网络对突破性技术创新绩效有正向影响。通过对上海市 1041 个高新技术企业进行抽样，对其中的 400 个样本进行问卷调查获取 273 个有效数据，其中首先对 65 个随机样本进行预调研后，对 208 个样本进行实证研究得出创新网络对突破性技术创新绩效具有正向影响。其中创新网络的结构嵌入维度（网络规模、网络密度与网络中心性指标）和关系嵌入维度（关系强度、关系稳定性与互惠性）均对突破性技术创新绩效产生正向影响。其次创新网络通过智力资本对突破性技术创新绩效产生作用。本书构建的创新网络对突破性技术创新绩效的影响机制的理论模型通过结构方程，运用上海市高新技术企业进行验证，得出人力资本、结构资本和关系资本在影响机制中所起的中介作用，为第 6 章调节效应的研究提供了基础。

第 6 章 环境不确定性和吸收能力的调节效应实证

通过对高新技术企业创新网络对突破性技术创新绩效影响机制的实证研究，获取了智力资本所具有的中介效应，本部分的研究将在第 5 章的基础上进一步探讨环境不确定性和吸收能力是否会对创新网络和智力资本二者之间的关系产生调节效应。

6.1 各量表探索性因子分析

6.1.1 环境不确定性的 EFA

1. 环境不确定性首次 EFA

由表 6 - 1 可知，智力资本因子分析 KMO 值介于"适合进行因子分析"与"极适合进行因子分析"标准范围，而 Bartlett 球形检验进一步说明指标间的净相关系数为 0，适合进行因子分析。

基于主成分分析，以特征值大于 1 为标准，对环境不确定性理论量表抽取主成分，尽管理论上只有一个构面，如果样本数据结果与理论结果不相符，则选择正交转轴法（最大方差法）对因子矩阵进行旋转，以更好地区分各题项归属因子。

表 6 – 1　　　　　　环境不确定性因子分析样本适切性检验

KMO 和 Bartlett 的检验		
取样足够度的 Kaiser – Meyer – Olkin 度量		0.871
Bartlett 的球形度检验	近似卡方	227.873
	df	6
	Sig.	0.000

数据来源：IBM SPSS Statistics 20。

表 6 – 2 和表 6 – 3 显示所有指标 MSA 值都高于阈值，没有需要考虑删除题项。

表 6 – 2　　　　　　环境不确性量表因子分析反映象矩阵

反映象矩阵		E1	E2	E3	E4
反映象相关	E1	0.872[a]	– 0.259	– 0.365	– 0.292
	E2	– 0.259	0.887[a]	– 0.292	– 0.297
	E3	– 0.365	– 0.292	0.856[a]	– 0.343
	E4	– 0.292	– 0.297	– 0.343	0.870[a]

a. 取样足够度度量（MSA）

数据来源：IBM SPSS Statistics 20。

表 6 – 3　　　　　　环境不确定性量表的公因子方差

公因子方差		
题项	初始	提取
E1	1.000	0.853
E2	1.000	0.837
E3	1.000	0.869
E4	1.000	0.856

提取方法：主成分分析

数据来源：IBM SPSS Statistics 20。

由表 6 – 4 可知，针对题项 E1 ~ E4，只抽取了一个主成分，解释总方差比率为85％，与理论因子结构相符，因此本书以此结果结束环境不确定性EFA。

表6-4　　　　　环境不确定性量表主成分分析抽取主成分的解释方差

解释的总方差

成分	初始特征值			提取平方和载入		
	合计	方差/（％）	累积/（％）	合计	方差/（％）	累积/（％）
1	3.414	85.357	85.357	3.414	85.357	85.357
2	0.217	5.434	90.791			
3	0.195	4.874	95.665			
4	0.173	4.335	100.000			

提取方法：主成分分析

数据来源：IBM SPSS Statistics 20。

2. EFA 后量表的信度检验

由表6-5可知，环境不确定性量表以较高的Cronbach系数通过信度检验，量表具有较强的稳定性。

表6-5　　　　　EFA 后环境不确定性量表信度检验

信度检验对象	Cronbach's Alpha	项数
EFA 后量表总体	0.997	4

数据来源：IBM SPSS Statistics 20。

6.1.2　吸收能力的 EFA

1. 吸收能力量表首次 EFA

由表6-6可知，吸收能力因子分析KMO值处于"极适合进行因素分析"标准范围，而Bartlett球形检验进一步说明指标间的净相关系数为0，适合进行因子分析。

表 6 - 6   吸收能力因子分析样本适切性验证

KMO 和 Bartlett 的检验		
取样足够度的 Kaiser – Meyer – Olkin 度量		0.909
Bartlett 的球形度检验	近似卡方	405.304
	df	28
	Sig.	0.000

数据来源：IBM SPSS Statistics 20。

《附录 H 吸收能力量表 EFA 反映象矩阵》显示只有题项 F8 的 MSA 值低于阈值，而表 6 – 7 显示只有题项 F2 低于阈值，因而如果后续分析结果与理论因子结构不相符，将依次考虑删除题项 F2 和 F8。

表 6 - 7   吸收能力量表的公因子方差

公因子方差		
	初始	提取
F1	1.000	0.783
F2	1.000	0.020
F3	1.000	0.896
F4	1.000	0.906
F5	1.000	0.737
F6	1.000	0.806
F7	1.000	0.828
F8	1.000	0.983

提取方法：主成分分析

数据来源：IBM SPSS Statistics 20。

基于主成分分析，以特征值大于 1 为标准，对吸收能力理论量表抽取主成分，且考虑到各理论构面间的相互独立性，采用正交转轴法（最大方差法）对因子矩阵进行旋转，以更好地区分各题项归属因子，所得结果见表 6 – 8 和表 6 – 9。

由表 6 – 8 可知，所抽取的两个主成分解释了总方差的 75%，可以较好地描述样本数据，而表 6-9 显示题项 F2 和 F8 与理论因子结构不相符，因而将先删除题项 F2，然后重新执行 EFA。

表 6-8 　　　　　吸收能力量表主成分分析抽取主成分的解释的总方差

成分	初始特征值			提取平方和载入			旋转平方和载入		
	合计	方差/（%）	累积/（%）	合计	方差/（%）	累积/（%）	合计	方差/（%）	累积/（%）
1	4.956	61.948	61.948	4.956	61.948	61.948	4.811	60.136	60.136
2	1.005	12.556	74.504	1.005	12.556	74.504	1.149	14.368	74.504
3	0.996	12.454	86.958						
4	0.338	4.230	91.188						
5	0.259	3.234	94.422						
6	0.216	2.701	97.123						
7	0.126	1.572	98.695						
8	0.104	1.305	100.000						

提取方法：主成分分析

数据来源：IBM SPSS Statistics 20。

表 6-9 　　　　　　　　吸收能力量表因子成分矩阵

旋转成分矩阵[a]

题项	成分	
	1	2
F1	0.873	0.147
F2	0.071	0.123
F3	0.912	0.253
F4	0.950	0.059
F5	0.856	0.068
F6	0.886	0.147

续表

旋转成分矩阵ᵃ

题项	成分	
	1	2
F7	0.889	0.194
F8	0.043	−0.991

提取方法：主成分分析
旋转法：具有 Kaiser 标准化的正交旋转法

a. 旋转在 3 次迭代后收敛

数据来源：IBM SPSS Statistics 20。

2. 删除题项 F2 后的 EFA

《附录 I 吸收能力量表删除题项 F2 后的反映象矩阵》显示只有题项 F8 的 MSA 值低于阈值 0.5，而表 6 - 10 显示没有题项低于阈值，因而题项 F8 属于重点考虑删除的题项，因而如果后续分析结果与理论因子结构不相符，则将首先删除该题项。

表 6 - 10　　　　　　　删除题项 F2 后吸收能力量表的公因子方差

公因子方差

题项	初始	提取
F1	1.000	0.784
F3	1.000	0.897
F4	1.000	0.906
F5	1.000	0.737
F6	1.000	0.807
F7	1.000	0.827
F8	1.000	0.996

提取方法：主成分分析

数据来源：IBM SPSS Statistics 20。

由表 6 - 11 可知，针对剩余题项，所抽取的两个主成分解释了总方差的

85%，很好地拟合了样本数据，但是表 6 – 12 显示题项 F8 违背了理论因子结构，因此进一步删除题项 F8，并重新执行 EFA。

表 6 – 11　　删除题项 F2 后吸收能力量表主成分分析抽取主成分的解释方差

	解释的总方差								
成分	初始特征值			提取平方和载入			旋转平方和载入		
	合计	方差/（%）	累积/（%）	合计	方差/（%）	累积/（%）	合计	方差/（%）	累积/（%）
1	4.949	70.698	70.698	4.949	70.698	70.698	4.915	70.220	70.220
2	1.004	14.349	85.047	1.004	14.349	85.047	1.038	14.827	85.047
3	0.338	4.835	89.882						
4	0.259	3.696	93.578						
5	0.219	3.133	96.711						
6	0.126	1.797	98.508						
7	0.104	1.492	100.000						

提取方法：主成分分析

数据来源：IBM SPSS Statistics 20。

表 6 – 12　　　　删除题项 F2 后吸收能力量表因子成分矩阵

	旋转成分矩阵[a]	
题项	成分	
	1	2
F1	0.883	− 0.064
F3	0.933	− 0.161
F4	0.951	0.035
F5	0.858	0.014
F6	0.896	− 0.059
F7	0.904	− 0.101
F8	− 0.056	0.996

提取方法：主成分分析
旋转法：具有 Kaiser 标准化的正交旋转法

a. 旋转在 3 次迭代后收敛

数据来源：IBM SPSS Statistics 20。

3. 删除题项 F2 和 F8 后的 EFA

由于删除题项 F2 和 F8 后的反映象矩阵与公因子方差均没有显示任何需要考虑删除的题项，为降低篇幅，将不罗列上述两个表格。

表 6 - 13 显示，针对剩余题项抽取出唯一的主成分，且该主成分解释了总方差的 82%，而表 6 - 14 也显示剩余题项都具有很高的因子载荷，说明剩余题项与上述主成分具有很强的关联性，因此本书将以此结果结束吸收能力量表的 EFA。

表 6 - 13   删除题项 F2 和 F8 后吸收能力量表主成分分析抽取主成分的解释方差

	解释的总方差					
成分	初始特征值			提取平方和载入		
	合计	方差/(%)	累积/(%)	合计	方差/(%)	累积/(%)
1	4.931	82.190	82.190	4.931	82.190	82.190
2	0.340	5.667	87.857			
3	0.259	4.314	92.171			
4	0.223	3.724	95.895			
5	0.139	2.315	98.210			
6	0.107	1.790	100.000			

提取方法：主成分分析

数据来源：IBM SPSS Statistics 20。

表 6 - 14   删除题项 F2 和 F8 后吸收能力量表因子成分矩阵

成分矩阵[a]	
题项	成分
	1
F1	0.885
F3	0.942
F4	0.947
F5	0.855
F6	0.898
F7	0.909

提取方法：主成分分析

a. 已提取了 1 个成分

数据来源：IBM SPSS Statistics 20。

4. EFA 后量表的信度检验

由表 6–15 可知，删除题项 F2 和 F8 后的吸收能力量表以很高的 Cronbach 系数通过信度检验，量表具有很强的稳定性。

表 6–15   EFA 后吸收能力量表信度检验

信度检验对象	Cronbach's Alpha	项数
EFA 后量表总体	0.956	6

数据来源：IBM SPSS Statistics 20。

6.2 各量表验证性因子分析

6.2.1 环境不确定性的 CFA

环境不确定性量表测量模型及标准化参数估计如图 6.1 所示。

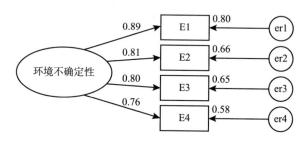

Model Specification
卡方值=2.033（p=0.362）　自由度=2
RMSEA=0.009　AGFI=0.976

图 6.1 环境不确定性量表测量模型及标准化参数估计

表 6–16 汇总了环境不确定性量表测量模型检验结果，由表 6–16 可知，EFA 所得环境不确定性因子结构得以验证。

表 6 - 16   环境不确定性量表测量模型检验结果汇总

评价维度	评价项目	检验结果	模型拟合判断
基本拟合度	误差变量不存在负方差	误差变量方差均为正数	拟合性良好
	因子载荷量大于 0.5	最小因子载荷为 0.76	拟合性良好
	估计参数不存在较大标准误差	所有估计参数的标准误差为 0.032 ~ 0.072	拟合性良好
整体拟合度	模型卡方检验不显著	p 值为 0.362	拟合性良好
	RMSEA 值小于 0.08	RMSEA = 0.009	拟合性良好
	AGFI 值大于 0.9	AGFI = 0.976	拟合性良好
内在质量	所有估计参数通过显著性检验	全部通过	拟合性良好
	单一测量题项信度系数大于 0.5	最低信度系数为 $0.76^2 = 0.5776$	拟合性良好
	组合信度大于 0.6	组合信度为 0.89	拟合性良好
	AVE 大于 0.5	AVE 为 0.67	拟合性良好
	标准化残差绝对值小于 2.58	最大值为 0.308	拟合性良好
	修正指标小于 5	全部小于 5	拟合性良好

6.2.2 吸收能力的 CFA

吸收能力量表测量模型及标准化参数估计如图 6.2 所示。

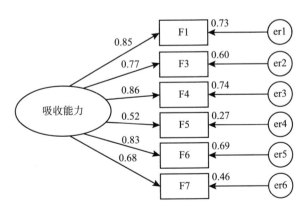

Model Specification
卡方值=5.667（p=0.773） 自由度=9
RMSEA=0.000 AGFI=0.979

图 6.2 吸收能力量表测量模型及标准化参数估计

表 6 - 17 汇总了吸收能力量表测量模型检验结果，由该表可知，整体上看该模型能较好地拟合样本数据，EFA 所得吸收能力量表因子结构得以验证。

表 6 - 17 　　　　　吸收能力量表测量模型检验结果汇总

评价维度	评价项目	检验结果	模型拟合判断
基本拟合度	误差变量不存在负方差	误差变量方差均为正数	拟合性良好
	因子载荷量大于 0.5	最小因子载荷为 0.52	拟合性良好
	估计参数不存在较大标准误差	所有估计参数的标准误差为 0.063 ~ 0.111	拟合性良好
整体拟合度	模型卡方检验不显著	p 值为 0.773	拟合性良好
	RMSEA 值小于 0.08	RMSEA = 0.000	拟合性良好
	AGFI 值大于 0.9	AGFI = 0.979	拟合性良好
内在质量	所有估计参数通过显著性检验	全部通过	拟合性良好
	单一测量题项信度系数大于 0.5	题项 F5 信度系数 $0.52^2 = 0.2704$ 题项 F7 信度系数 $0.68^2 = 0.4624$	待结合其他指标综合评估
	组合信度大于 0.6	组合信度为 0.89	拟合性良好
	AVE 大于 0.5	AVE 为 0.58	拟合性良好
	标准化残差绝对值小于 2.58	最大值为 0.586	拟合性良好
	修正指标小于 5	全部小于 5	拟合性良好

6.3　调节效应模型验证

6.3.1　样本描述

通过表 6 - 18 可以看出环境不确定性的均值和标准差分别为 4.84 ~ 5.28 和 0.932 ~ 1.032。

表 6 - 18 　　　　　环境不确定性的描述性分析

测量题项	N	极小值	极大值	均值	标准差
E1	208	1	7	5.28	0.932
E2	208	1	7	5.35	0.909

测量题项	N	极小值	极大值	均值	标准差
E3	208	1	7	5.23	1.014
E4	208	1	7	4.84	1.032

数据来源：IBM SPSS Statistics 20。

通过表 6 - 19 可以看出吸收能力的均值和标准差分别为 4.20 ~ 5.08 和 0.995 ~ 1.097。

表 6 - 19　　　　　　　　**吸收能力的描述性分析**

测量题项	N	极小值	极大值	均值	标准差
F1	208	1	7	5.08	0.995
F2	208	1	7	5.27	0.909
F3	208	1	7	4.93	1.103
F4	208	1	7	4.33	1.228
F5	208	1	7	5.25	0.961
F7	208	1	7	4.20	1.097

数据来源：IBM SPSS Statistics 20。

通过表 6 - 1 ~ 表 6 - 19 可知吸收能力和环境不确定性的探索性因子分析、验证性因子分析及数据的一致性都符合模型验证的要求，据此对创新网络和智力资本之间的关系进行调节效应检验。

6.3.2　调节效应的验证及作用分析

1. 吸收能力与环境不确定性对人力资本的调节

将吸收能力和环境不确定性标准化后，分别与标准化后的结构嵌入维度三个构面以及关系嵌入维度三个构面相乘，然后与人力资本分别构建带有交叉项的回归模型，结果见表 6 - 20。需要说明的是，由于第 5 章已经明确了因果逻辑关系，对于不显著的影响关系将不加入回归模型，对于人力资本而言，只有网络中心性对其有显著影响，因而解释变量只有网络中心性。

通过表 6 – 20 可知，各变量 VIF 值均未超过阈值 2，不需要作共线性处理；另外，在引入控制变量、解释变量和调节变量后，通过交互项的验证得出在众多调节效应中，其中环境不确定性在网络中心性和人力资本之间起调节作用。

表 6 – 20　　　　吸收能力与环境不确定性对人力资本调节效应检验结果

变量	模型 1	模型 2	模型 3	模型 4
控制变量	主效应	吸收能力	环境不确定性	全模型
企业成立时间	-0.889^{***} VIF：1.009	-0.889^{***} VIF：1.012	-0.900^{***} VIF：1.022	-0.899^{***} VIF：1.024
企业规模	-0.010 VIF：1.057	-0.010 VIF：1.060	-0.006 VIF：1.058	-0.005 VIF：1.062
解释变量				
网络中心性	0.231^{***} VIF：1.050	0.227^{***} VIF：1.516	0.209^{***} VIF：1.130	0.199^{***} VIF：1.647
调节变量				
吸收能力	-0.027 VIF：1.056	-0.028 VIF：1.065	-0.021 VIF：1.057	-0.029 VIF：1.065
环境不确定性	0.075 VIF：1.007	0.075 VIF：1.007	0.070 VIF：1.008	0.072 VIF：1.008
交互项				
网络中心性与吸收能力		0.006 VIF：1.474		0.017 VIF：1.493
网络中心性与环境不确定性			-0.083^{*} VIF：1.100	-0.107^{*} VIF：1.114
调整后 R^2	0.552	0.550	0.556	0.554
F/P	52.085/0.000	43.194/0.000	44.226/0.000	37.749/0.000

注：＊表示 $p<0.1$（双侧检验），＊＊表示 $p<0.05$（双侧检验），＊＊＊表示 $p<0.001$（双侧检验）。
数据来源：IBM SPSS Statistics 20。

2. 吸收能力与环境不确定性对结构资本的调节

见表 6 - 21，各变量 VIF 值均未超过阈值 2，不需要作共线性处理；另外，在引入控制变量、解释变量和调节变量后，通过交互项的验证得出在众多调节效应中，其中吸收能力在关系稳定性和结构资本之间起调节作用。

表 6 - 21　　　　吸收能力与环境不确定性对结构资本调节效应检验结果

变量	模型 1	模型 2	模型 3	模型 4
控制变量	主效应	吸收能力	环境不确定性	全模型
企业成立时间	0.057 VIF：1.026	0.071 VIF：1.038	0.070 VIF：1.047	0.074 VIF：1.054
企业规模	- 0.071 * VIF：1.088	- 0.087 * VIF：1.115	- 0.082 * VIF：1.104	- 0.090 * VIF：1.136
解释变量				
网络规模	0.254 *** VIF：1.035	0.375 *** VIF：1.091	0.378 *** VIF：1.076	0.371 *** VIF：1.138
网络密度	0.492 *** VIF：1.044	0.402 *** VIF：1.064	0.398 *** VIF：1.069	0.406 *** VIF：1.095
网络中心性	0.217 *** VIF：1.060	0.351 *** VIF：1.556	0.356 *** VIF：1.204	0.363 *** VIF：1.801
关系稳定性	0.204 *** VIF：1.022	0.305 *** VIF：1.077	0.308 *** VIF：1.054	0.306 *** VIF：1.062
互惠性	0.365 *** VIF：1.040	0.475 *** VIF：1.076	0.471 *** VIF：1.077	0.482 *** VIF：1.106
调节变量				
吸收能力	0.125 *** VIF：1.061	0.166 ** VIF：1.248	0.183 ** VIF：1.062	0.169 *** VIF：1.269
环境不确定性	- 0.203 *** VIF：1.017	- 0.246 *** VIF：1.019	- 0.251 *** VIF：1.081	- 0.249 *** VIF：1.088

变量	模型 1	模型 2	模型 3	模型 4
交互项				
网络规模与吸收能力		0.051 VIF：1.098		0.044 VIF：1.126
网络密度与吸收能力		−0.039 VIF：1.065		−0.044 VIF：1.125
网络中心性与 吸收能力		−0.009 VIF：1.595		−0.013 VIF：1.644
网络规模与环境 不确定性			0.001 VIF：1.285	−0.005 VIF：1.321
网络密度与环境 不确定性			0.022 VIF：1.129	−0.024 VIF：1.187
网络中心性与环境 不确定性			−0.059 VIF：1.369	−0.049 VIF：1.410
关系稳定性与 吸收能力		−0.085 ** VIF：1.077		−0.095 ** VIF：1.167
互惠性与吸收能力		0.066 VIF：1.202		−0.069 VIF：1.287
关系稳定性与 环境不确定性			−0.026 VIF：1.139	−0.047 VIF：1.246
互惠性与环境 不确定性			−0.003 VIF：1.27	0.009 VIF：1.208
调整的 R^2	0.726	0.733	0.722	0.731
F/P	61.9/0.000	41.626/0.000	39.386/0.000	30.577/0.000

注：* 表示 $p < 0.1$（双侧检验），** 表示 $p < 0.05$（双侧检验），*** 表示 $p < 0.001$（双侧检验）。
数据来源：IBM SPSS Statistics 20。

3. 吸收能力与环境不确定性对关系资本的调节

通过表 6－22 可知，各变量 VIF 值均未超过阈值 2，不需要作共线性处理；另外，在引入控制变量、解释变量和调节变量后，通过交互项的验证得出，环境不确定性与吸收能力在各自变量对关系资本的影响中都不起到调节作用。

表6-22 吸收能力与环境不确定性对关系资本调节效应检验结果

变量	模型1	模型2	模型3	模型4
控制变量	主效应	吸收能力	环境不确定性	全模型
企业成立时间	-0.002 VIF: 1.031	-0.001 VIF: 1.044	-0.004 VIF: 1.050	-0.002 VIF: 1.059
企业规模	-0.037 VIF: 1.070	0.043 VIF: 1.089	0.048 VIF: 1.090	0.050 VIF: 1.107
解释变量				
网络规模	0.405*** VIF: 1.027	0.411*** VIF: 1.080	0.396*** VIF: 1.107	0.402*** VIF: 1.60
网络中心性	0.371*** VIF: 1.060	0.353*** VIF: 1.552	0.393*** VIF: 1.210	0.373*** VIF: 1.786
关系强度	0.387*** VIF: 1.028	0.381*** VIF: 1.128	0.365*** VIF: 1.271	0.366*** VIF: 1.348
关系稳定性	0.320*** VIF: 1.022	0.321*** VIF: 1.032	0.334*** VIF: 1.054	0.332*** VIF: 1.065
互惠性	0.409*** VIF: 1.026	0.420*** VIF: 1.058	0.426*** VIF: 1.104	0.432*** VIF: 1.122
调节变量				
吸收能力	-0.186*** VIF: 1.068	0.145** VIF: 1.244	0.171*** VIF: 1.099	0.151*** VIF: 1.271
环境不确定性	0.173*** VIF: 1.021	-0.185** VIF: 1.028	-0.192*** VIF: 1.093	-0.191*** VIF: 1.107
交互项				
网络规模与吸收能力		0.017 VIF: 1.099		0.009 VIF: 1.114
网络中心性与 吸收能力		0.042 VIF: 1.616		-0.037 VIF: 1.652

续表

变量	模型 1	模型 2	模型 3	模型 4
网络规模与环境 不确定性			0.040 VIF: 1.276	0.036 VIF: 1.290
网络中心性与 环境不确定性			−0.056 VIF: 1.372	−0.049 VIF: 1.405
关系强度与吸收能力		−0.001 VIF: 1.280		0.000 VIF: 1.303
关系稳定性与 吸收能力		−0.006 VIF: 1.129		−0.018 VIF: 1.220
互惠性与吸收能力		0.080 VIF: 1.247		0.065 VIF: 1.362
关系强度与环境 不确定性			0.040 VIF: 1.543	0.031 VIF: 1.630
关系稳定性与环境 不确定性			−0.065 VIF: 1.116	−0.065 VIF: 1.206
互惠性与环境 不确定性			−0.058 VIF: 1.321	−0.042 VIF: 1.447
调整的 R^2	0.759	0.758	0.760	0.757
F/P	73.378/0.000	47.336/0.000	47.815/0.000	34.967/0.000

注：＊表示 $p<0.1$（双侧检验），＊＊表示 $p<0.05$（双侧检验），＊＊＊表示 $p<0.001$（双侧检验）。
数据来源：IBM SPSS Statistics 20。

6.3.3 调节效应假设验证的结果分析

通过表 6 – 20 到表 6 – 22 验证吸收能力与环境不确定性对高新技术企业创新网络和突破性技术创新绩效之间的调节效应进行验证，可以得到表 6 – 23 中的四个假设中，H4a 和 H5b 通过。

表 6 - 23 假设验证的结果

假设	假设内容		验证结果
H4	环境不确定性对创新网络与智力资本之间的调节作用		
	H4a	环境不确定性越高，网络中心性对人力资本的影响越明显	通过
	H4b	环境不确定性越高，关系稳定性对关系资本的影响越明显	不通过
H5	吸收能力对创新网络与智力资本之间的调节作用		
	H5a	吸收能力越强，网络规模对结构资本的影响越明显	不通过
	H5b	吸收能力越强，关系稳定性对结构资本的影响越明显	通过

针对未通过的假设，分析如下：

H4b 环境不确定性在关系稳定性与关系资本间起调节作用未通过。

环境不确定性强调环境的敌对性和动态性。环境的动态多变和敌对性强化了环境的不确定性，该过程原因多样。但是关系稳定性的影响因素有一定的范围，造成环境不确定的因素可能未涉及关系稳定性因素，由此对关系稳定性和关系资本二者之间的影响不显著，导致了环境不确定性在关系稳定性与关系资本间起调节作用的假设检验未通过。

H5a 吸收能力在网络规模与结构资本间起调节作用未通过。

吸收能力是一个知识转化的过程，指的是企业对外部知识的获取、消化、转化和应用的过程，主要研究企业在经营过程中对知识的积累和使用所做的所有工作。企业的吸收能力强调的是组织整体对知识的吸收和运用能力，网络规模能够为吸收能力的转化过程提供一个良好的环境，由此有利于结构资本的不断提升，但是吸收能力的转化也需要企业能够真正将外部的资源转化为企业自身的资源才能够很好地形成结构资本，而且该过程需要不断地累积，所以吸收能力在网络规模与结构资本间未能通过假设检验。

6.4 假设检验汇总

假设检验汇总见表 6 - 24。

表 6 - 24　　　　　　　　　　　假设检验汇总

假设		假设内容	验证结果
H1		创新网络对突破性技术创新绩效的影响	
	H1a	网络的结构嵌入维度对突破性技术创新绩效具有显著正向影响	通过
	H1b	网络的关系嵌入维度对突破性技术创新绩效具有显著正向影响	通过
H2		智力资本对突破性技术创新绩效的影响	
	H2a	人力资本对突破性技术创新绩效呈倒"U"型影响	通过
	H2b	结构资本对突破性技术创新绩效呈倒"U"型影响	通过
	H2c	关系资本对突破性技术创新绩效具有显著正向影响	通过
H3		创新网络对智力资本的影响	
	H3a	结构嵌入维度对智力资本的影响	
	$H3a_{11}$	网络规模对人力资本具有显著正向影响	未通过
	$H3a_{12}$	网络规模对关系资本具有显著正向影响	通过
	$H3a_{13}$	网络规模对结构资本具有显著正向影响	通过
	$H3a_{21}$	网络中心性对人力资本具有显著正向影响	通过
	$H3a_{22}$	网络中心性对关系资本具有显著正向影响	通过
	$H3a_{23}$	网络中心性对结构资本具有显著正向影响	通过
	$H3a_{31}$	网络密度对人力资本具有显著正向影响	未通过
	$H3a_{32}$	网络密度对关系资本具有显著正向影响	未通过
	$H3a_{33}$	网络密度对结构资本具有显著正向影响	通过
	H3b	关系嵌入维度对智力资本的影响	
	$H3b_{11}$	关系强度对人力资本具有显著正向影响	未通过
	$H3b_{12}$	关系强度对关系资本具有显著正向影响	通过
	$H3b_{13}$	关系强度对结构资本具有显著正向影响	未通过
	$H3b_{21}$	关系稳定性对人力资本具有显著正向影响	未通过
	$H3b_{22}$	关系稳定性对关系资本具有显著正向影响	通过
	$H3b_{23}$	关系稳定性对结构资本具有显著正向影响	通过
	$H3b_{31}$	互惠性对人力资本具有显著正向影响	未通过
	$H3b_{32}$	互惠性对关系资本具有显著正向影响	通过
	$H3b_{33}$	互惠性对结构资本具有显著正向影响	通过

续表

假设		假设内容	验证结果
H4		环境不确定性对创新网络与智力资本之间的调节作用	
	H4a	环境不确定性越高，网络中心性对人力资本的影响越明显	通过
	H4b	环境不确定性越高，关系稳定性对关系资本的影响越明显	不通过
H5		吸收能力对创新网络与智力资本之间的调节作用	
	H5a	吸收能力越强，网络规模对结构资本的影响越明显	不通过
	H5b	吸收能力越强，关系稳定性对结构资本的影响越明显	通过

6.5　本 章 小 结

　　本章在前面章节的基础上，对环境不确定性和吸收能力的量表进行探索性因子和验证性因子分析，并对其进行调节效应检验，通过检验验证了环境不确定性在网络中心性和人力资本之间的调节效应；验证了吸收能力在关系稳定性和结构资本之间的调节效应。而且本书对环境不确定性在关系稳定性与关系资本之间和吸收能力在网络规模与结构资本间起调节作用未通过进行了详细地说明。

第7章 研究结论与展望

通过前 6 章深入的分析和研究，系统地验证了高新技术企业创新网络通过智力资本影响突破性技术创新绩效的影响机制，并验证了环境不确定性和吸收能力对高新技术企业创新网络和智力资本之间所起的调节作用。本章将概括、分析主要创新点及管理启示，提出研究局限性及展望。

7.1 主要研究结论

本书首先运用文献分析法，基于已有研究，结合创新相关理论，构建高新技术企业创新网络对突破性技术创新绩效的理论构想，并据此提出初步的理论分析框架和研究假设，得出高新技术企业创新网络能够通过智力资本提升突破性技术创新绩效。其次对上海市 273 个高新技术企业进行问卷调查，并运用结构方程模型进行修正，实证研究得出高新技术企业创新网络对突破性技术创新绩效具有正向影响。最后引入环境不确定性和吸收能力，通过结构方程和层次回归分析法验证了环境不确定性和吸收能力对高新技术企业创新网络和智力资本之间起调节作用。

1. 创新网络对突破性技术创新绩效有正向影响

通过对上海市 1041 个高新技术企业进行抽样，对其中的 400 个样本进行问卷调查获取 273 个有效数据，其中首先对 65 个随机样本进行预调研后，再对 208 个样本进行实证研究得出创新网络对突破性技术创新绩效具有正向影响。其中创新网络的结构嵌入维度（网络规模、网络密度和网络中心性指标）和关系嵌入维度（关系强度、关系稳定性和互惠性）均对突破性技术创新绩效产生正向影响。网络中所涉及的连接数量越多，网络中的参与者越多，相互之间的联结越多则网络的规模就越大，那么这就意味着网络的参与者之间建立了广泛的联系，有利于企业获取所需的信息、知识和技术，从而为企业突破性技术创新的产生提供更多有利的条件，因此一般而言网络规模对突破性技术创新绩效会产生正向作用。这与格布雷耶苏和莫南（Gebreeyesus & Mohnen，2013）[212]、解学梅和左蕾蕾（2013）[134]、于明洁（2013）[213]和魏江（2014）[214]等的观点一致。网络密度越大则意味着网络的实际连接数在网络的最大可能连接数中占比越高，说明网络参与者之间的连接度就越高，网络的参与者之间合作密切，由此可以推断网络参与者合作密切是因为合作有利于网络参与者之间突破性技术创新绩效的产生。企业在网络中所处的位置越高，则越有利于获取创新所需的资源和能力，从而产生更多突破性技术创新绩效，辛格等（2016）[222]、高太山（2016）[223]、齐（Qi，2017）[224]和徐露允（2017）[225]等的观点也得到了验证。

2. 创新网络通过智力资本对突破性技术创新绩效产生作用

本书构建的创新网络对突破性技术创新绩效的影响机制的理论模型通过结构方程，运用上海市高新技术企业进行验证，得出以下结论：网络规模对关系资本和结构资本具有正向影响；网络中心性对智力资本具有正向影响；网络密度对结构资本具有正向影响；关系强度对关系资本具有正向影响；关系稳定性对关系资本和结构资本具有正向影响；互惠性对关系资本和结构资本具有正向影响；关系资本对突破性技术创新绩效具有正向影响；结构资本和人力资本对突破性技术创新绩效的影响呈倒"U"型。该研究结果说明了高新技术企业创新网络能够产生智力资本，而且智力资本对突破性技术创新绩效有正向影响，其中结构资本和人力资本对突破性技术创新绩效的正向影响会有一个临界点，企业需要结合自身情况选择适合自身发展的智力资本结构。这验证了德尔加多－沃德（2017）、孙善林和彭灿（2017）、德阿莫尔等（2017）[245]和刘国巍（2017）[249]等的观点。

3. 环境不确定性和吸收能力在创新网络对智力资本的影响机制中起着重要调节作用

随着高新技术企业的不断发展，网络的不断动态化和复杂化，而且其所具有的特性使得高新技术企业认识到情景因素对其突破性技术创新绩效所具有的重要影响。本书引入环境不确定性和吸收能力两大情景因素，通过实证研究发现环境不确定性在网络中心性和人力资本之间具有调节效应；吸收能力在关系稳定性和结构资本之间具有调节效应。这说明环境不确定性越高，网络中心性对人力资本的影响越明显，作用会越来越弱；但是吸收能力越强，关系稳定性对结构资本的作用则会越来越明显。

7.2 主要创新点及管理启示

7.2.1 主要创新点

本书运用实证分析方法系统地分析了创新网络对突破性技术创新绩效的影响机制，丰富并深化了相关理论，主要具有以下创新点。

1. 构建了创新网络对突破性技术创新绩效的研究模型

现有关于突破性技术创新绩效的研究较少，多侧重于对突破性技术创新的研究。对于创新网络和突破性技术创新二者研究的相关文献较少，而且多侧重于理论研究。创新网络和突破性技术创新绩效的研究几乎没有，且多是从创新绩效的角度出发去探索创新网络对创新绩效的影响。但是突破性技术创新绩效相较于创新绩效更加聚焦，而且对企业创新能力的要求更高，对于高新技术企业的转型升级作用更明显，所以探索创新网络对突破性技术创新绩效之间的影响机制至关重要。而目前关于二者之间的研究远远不能满足实践的需求。因此为了探索二者之间的影响机制，本书构建创新网络对突破性技术创新绩效影响的理论模型，引入智力资本作为中介变量，选用上海市高新技术企业作为样本，运用实证分析对该模型进行验证。

2. 深化了创新网络对智力资本影响机制研究

现有的关于创新网络对智力资本的研究虽然涵盖了理论研究和实证研究，也认识到了创新网络对智力资本的重要影响，尤其认识到其是高新技术企业创新的重要外部环境。但是目前关于二者之间的研究有许多相矛盾之处，而且截至目前，已有研究尚未很好地解决二者之间的影响机制。本书理清了二者之间的影响机制，引入环境不确定性和吸收能力作为调节变量，从某种程度上深化了创新网络对智力资本的影响机制。

3. 丰富了突破性技术创新绩效的理论和实践研究

目前关于突破性技术创新绩效的研究较少，现有对突破性技术创新绩效的研究多是使用创新绩效的指标，并没有很好地对二者进行区分，而且对于突破性技术创新、颠覆式创新和激进式创新的研究也存在定义不清楚的问题。本书从需要新的商业模式和新技术两个维度对渐进性创新、突破性技术创新、颠覆式创新和激进式创新进行区分，通过对突破性技术创新绩效和技术创新绩效进行分析，得出突破性技术创新绩效实质上是技术创新成果的一种形式。并运用实证分析对突破性技术创新绩效进行测量和研究，丰富了突破性技术创新绩效的理论和实践研究。

7.2.2 管理启示

高新技术企业的发展对我国提高自主创新能力起着至关重要的重用，高新技术企业集群及自主创新示范区的发展也是我国创新的重要举措，在这种氛围下，高新技术企业创新网络发展相对来说比较成熟，而且高新技术企业是突破性技术创新的主要实施者和推动者，研究高新技术企业创新网络对突破性技术创新绩效具有很强的实践意义，其研究结论也对我国高新技术企业运用创新网络提升突破性技术创新绩效，从而实现创新转型升级具有重要作用。

1. 大力提升高新技术企业智力资本以增加自主创新能力

企业智力资本对突破性技术创新具有积极的正向影响，尤其是人力资本和关系资本。高新技术企业具有高风险、长周期和高投入等特征，在创新网络的范围内，要加强与网络的参与者之间的合作和互动，获取更多可以满足企业创新所需求的人才等资源，使得企业员工的技能和经验能够通过网络得以提升，同时还可以吸纳非本企业的人员；利用结构资本实现隐性知识向显性知识的转变，实现企业员工知识的融合和运用，从而提升自主创新能力；在此过程中大量吸收关系资本，通过与其他主体合作和互动，加强与供应链上游客户资本和供应链下游客户资本之间的联系，从而建立更稳定的合作伙伴关系，为创新的产生提供稳定的环境。本书验证了以上观点，所以高新技术企业在网络化创新环境中要注意与外部的沟通和合作，特别是跨区域或者跨领域的合作，这样才会产生较丰富的非冗余信息，更有利于创新的产生。

在该过程中，政府也要充分发挥自身的作用，搭建大平台，使得高新技术企业可以突破自身的限制，加强沟通的强度和频率，还需要开发其他渠道，从而扮演好中间人的角色，为高新技术企业的发展创造一个开放创新的范围，不断地为高新技术企业创新网络注入新的活力。

2. 动态性设计创新网络结构以提升突破性技术创新绩效

创新网络具有不同的维度，各维度的具体情况不同就会带来不同的创新网络结构，智力资本亦是如此。随着经济的发展，竞争不断激烈，网络化发展会产生两种不利局面：一种是"过度嵌入"，导致网络逐步走向封闭，网络内部的成员开始对新知识、新技术的接受程度降低，网络之间的信息多是冗余信息并不利于创新的产生和传播，最终会阻碍创新的产生，降低网络中高新技术企业的创新能力，不利于突破性技术创新绩效的提高。另一种是"嵌入不足"，从而使得本区域的高新技术企业无法融入全球创新网络中，使得网络中的参与者创新能力不足，无法跟上全球的脚步，从而在激烈的高科技创新竞争中走向弱势，导致创新失败，并且创新适合的创新网络结构也会随着外部环境的变化而变得格格不入，所以企业需要根据自身情况动态设计创新网络结构以提升突破性技术创新绩效。

同时企业要重视同大学和科研院所的合作。大学和科研院所作为创新的主要参与者，在创新网络中发挥着重要作用。构建适合自己的产学研核心创新网络及创新支撑网络，加强与政府、金融机构和中介机构的合作，使企业的创新网络呈现一个良性循环的状态。

3. 关注智力资本的不利影响

本书认为高新技术企业创新网络会通过智力资本对突破性技术创新绩效产生影响，而且智力资本中人力资本和结构资本对突破性技术创新绩效产生倒"U"型影响，关系资本对突破性技术创新绩效产生正向影响。在企业实际发展过程中，一个企业的人力资本和结构资本对企业创新能力的影响确实会呈现先递增，然后达到一个最优结构，如果再继续增加会导致资源的浪费，带来突破性技术创新绩效的下降。在一个团队里，如果可以由各个领域的专家组成将会有利于项目的推进，但是在沟通过程中可能会存在较高的成本，如果专家过多还会带来项目无法推进的情况；抑或是人力资本的成本过高，而其能为企业所带来的边际收益则无法覆盖其所产生的成本，从而得到一个负效应。结构资本会和人力资本出现类似的情况，一旦一个结构过于体系化，随着时间的推移就会降低效率，所以高新技术企业在发展过程中需要关注智力资本的不利影响，从而最大程度地发挥其作用，寻求自身适合的智力资本结构，并随着自身的发展不断完善和更新。

7.3　研究局限性及展望

7.3.1　研究局限性

在当今的经济和社会情境下，创新网络已经成为学者的研究热点，并且在已有的研究中都取得了丰富的研究成果。本书在前人研究的基础上，对已有研究进行分析和述评，综合运用多种方法，结合高新技术企业的特征，构建高新技术企业创新网络对突破性技术创新绩效的影响模型并进行实证分析，得出相关的研究结论，但是由于自身知识、经历及能力的限制，研究具有以下局限性。

1. 缺乏对高新技术企业的细化

由于自身知识、经历和时间的限制，对高新技术企业的选择并未进行细化，未进行行业细化及供应链环节的细化。高新技术企业所处的行业不同，其所具有的特点及行业影响因素就会有所不同，创新网络、智力资本及突破性技术创新绩效的测量便会有所差异；同时供应链环节的不同，其所具有的创新模式及创新方式也会有所不同，这也会影响创新网络对突破性技术创新绩效的影响机制。

2. 样本区域的选择会影响研究结果的普适性

鉴于研究过程的复杂性，花费了大量心血发放和回收样本，从而保证研究的信效度，在样本选择上主要选用上海市高新技术企业，对其他区域的高新技术企业尚未涉及。这在一定程度上会使得研究结果受到该区域所特有的一些因素影响，使研究结果的普适性比较差。

3. 指标的测量体系仍需改进

虽然研究指标的测量体系经过预调研和正式调研，并通过在已有量表的基础上不断进行修正使得量表的信效度得以满足要求，但是问卷调查所获取的数据仍会在一定程度上具有主观性因素，会使得研究结果存在一定的偏差。

7.3.2　研究展望

1. 细化高新技术企业

在未来的研究中将进一步细化高新技术企业，针对本书所选取的信息化学品制造、医药制造业、航空航天器制造、电子及通信设备制造业、电子计算机及办公设备制造和医疗设备及仪器仪表制造业进行分行业研究，从而考虑不同行业的特征及其影响因素，从而进一步完善高新技术企业创新网络对突破性技术创新绩效影响机制的研究。

2. 扩大样本选择区域

未来的研究中将扩大创新网络的样本选择范围，将长三角、珠三角、京津唐等地区都纳入创新网络的研究范围内，但是选取的企业仍为高新技术企业，因为高新技术企业是突破性技术创新绩效的主要考察对象。

3. 进一步改进指标测量

现有的量表综合已有成熟量表，再结合成熟的样本搜取方法，已经尽量减少主观性对数据搜集的影响，未来的研究将融合多种方法从而进一步保证研究的客观性，并改进现有指标的测量，使得研究结果更具有实际意义。

附 录　量 表 设 计

附录 A　量表构念与题项群体决策结果

构念	构面	题项	适切性	准确性	独立性	轮数	一致人数
创新网络结构嵌入	网络规模	本公司与很多上下游企业有合作	√	×	×	1	4
		本公司与很多同行业及其他行业企业有合作	√	×	×	1	6
		本公司与很多高校、科研机构合作	√	×	√	1	5
		本公司与很多政府部门及行业协会有合作	√	×	√	1	6
		本公司与很多金融机构及中介机构有合作	√	×	√	1	6
	网络密度	相对于网络内同行业企业，与本公司合作的上下游企业更多	√	×	×	1	6
		相对于网络内同行业企业，与本公司合作的同行业及其他行业企业更多	√	×	×	1	6
		相对于网络内同行业企业，与本公司合作的高校和科研机构更多	√	√	√	1	6
		相对于网络内同行业企业，与本公司合作的政府部门及行业协会更多	√	√	√	1	6
		相对于网络内同行业企业，与本公司合作的金融机构及中介机构更多	√	√	√	1	6
		相对于网络内同行业企业，本公司实际存在的联系数量占可能联系数量的比例更高	×	×	√	2	4
	网络中心性	本公司在业内知名度高	√	×	√	1	5
		本公司在创新合作中占据主导和主动位置	√	√	√	1	6
		很多企业会主动和本公司进行技术合作	√	×	√	1	6
		很多企业会向本公司寻求技术支持	√	×	×	2	5

构念	构面	题项	适切性	准确性	独立性	轮数	一致人数
创新网络关系嵌入	关系强度	相对于网络内同行业企业，本公司与上下游企业的合作更频繁	√	×	×	1	4
		相对于网络内同行业企业，本公司与同行业及其他行业企业合作更频繁	√	×	×	1	6
		相对于网络内同行业企业，本公司与高校及科研机构合作更频繁	√	√	√	1	5
		相对于网络内同行业企业，本公司与政府部门及行业协会合作更频繁	√	√	√	1	6
		相对于网络内同行业企业，本公司与金融机构及中介机构的合作更频繁	√	√	√	1	6
	关系稳定性	本公司有稳定的上下游合作企业	√	×	×	1	4
		本公司长期与很多同行业及其他行业企业合作	√	×	×	1	6
		本公司长期与很多高校、科研机构合作	√	√	√	1	5
		本公司长期与很多政府部门及行业协会合作	√	√	√	1	6
		本公司长期与很多金融机构及中介机构合作	√	√	√	1	6
	互惠性	本公司与合作伙伴相互信任	√	√	√	1	6
		本公司与合作伙伴共享资源	√	√	√	1	6
		本公司与合作伙伴利益相关	√	√	√	2	4
智力资本	人力资本	本公司员工的专业技能娴熟	√	√	√	1	5
		本公司员工的流动性较低	√	√	√	1	6
		本公司员工的创新能力较强	√	√	√	1	6
	结构资本	本公司组织结构比较完善	√	√	√	1	6
		本公司的企业文化比较有活力和创造性	√	√	√	1	5
		本公司的规章制度有利于专利等创新知识的管理	√	√	√	1	6

构念	构面	题项	适切性	准确性	独立性	轮数	一致人数
智力资本	关系资本	本公司与上下游企业合作良好	√	×	×	2	4
		本公司与很多同行业及其他行业企业关系融洽	√	×	×	2	6
		本公司与很多高校、科研机构合作良好	√	×	√	2	5
		本公司与很多政府部门及行业关系融洽	√	×	√	2	6
		本公司与很多金融机构及中介机构关系融洽	√	×	√	2	4
		本公司能从合作伙伴中获取到很多有价值的信息	√	√	√	1	6
突破性技术创新绩效		本公司能够不断地推出全新产品	√	×	√	1	6
		本公司能够不断地推出全新的技术	√	×	√	1	6
		本公司开发新产品和新技术的周期与费用在不断减少	√	×	√	1	6
		本公司开发的新产品和新技术促进市场占有率的不断提高	√	×	√	1	6
		本公司开发的新产品和新技术促进了销售量的不断提高	√	×	√	1	6
		本公司开发的新产品和新技术促进了企业利润的不断提高	√	×	√	1	6
		本公司开发的新产品和新技术促进了企业知名度的不断提高	√	×	√	1	6
环境不确定性		本公司所在行业技术变化速度快	√	×	√	1	5
		本公司所在行业顾客的偏好总是在变化	√	√	√	1	6
		本公司所在行业竞争者总是不断推出新产品	√	×	√	1	6
		本公司所在行业政府会不断出台新政策或对现有政策进行调整	√	×	√	1	6

续表

构念	构面	题项	适切性	准确性	独立性	轮数	一致人数
吸收能力	潜在吸收能力	相对于网络内同行业企业，本公司更容易理解和分析外部知识及技术	√	√	√	1	4
		相对于网络内同行业企业，本公司更容易从潜在竞争对手中及时且连续获取相关信息和知识	√	√	√	1	4
		相对于网络内同行业企业，本公司更容易吸收有用或有潜在价值的新技术和新知识	√	√	√	1	5
		相对于网络内同行业企业，本公司更容易运用外部知识满足公司发展需要	√	√	√	1	4
	实现吸收能力	相对于网络内同行业企业，本公司更容易与研发机构合作开发新产品和新知识	√	√	√	1	6
		相对于网络内同行业企业，本公司更容易将知识和技术用于开发新专利	√	√	√	2	4
		相对于网络内同行业企业，本公司更容易运用员工的知识、经验及能力发现新技术机会	√	√	√	1	6
		相对于网络内同行业企业，本公司更容易利用新技术迅速适应市场变化	√	√	√	1	6

附录 B 预调查问卷

尊敬的先生/女士：

东华大学旭日工商管理学院"高新技术企业创新网络对突破性技术创新绩效的影响研究"课题组，为了全面深入了解高新技术企业创新网络对于突破性性技术创新绩效的影响机制，为企业提高突破性技术创新绩效提供科学依据，我们开展了该项调研，希望能够得到您的支持！

本次问卷调查采用匿名方式，所收集数据资料仅用于学术研究，选项没有对错之分，不会对您及所在单位造成任何影响和损失，敬请放心！

东华大学旭日工商管理学院

第一部分 创新网络结构嵌入

请根据贵企业实际情况在相应数字处打√

数值越大，说明您越同意该表述，选项没有对错之分

题号	题项	1：非常不同意 4：不确定 7：非常同意						
A11	本公司与不少于3家同行业及其他行业企业（包括上下游企业）有合作	1	2	3	4	5	6	7
A12	本公司与不少于3家高校、科研机构合作	1	2	3	4	5	6	7
A13	本公司与不少于3个政府部门及行业协会有合作	1	2	3	4	5	6	7
A14	本公司与不少于3家金融机构及中介机构有合作	1	2	3	4	5	6	7
A21	相对于网络内同行业企业，与本公司合作的同行业及其他行业企业（包括上下游企业）更多	1	2	3	4	5	6	7
A22	相对于网络内同行业企业，与本公司合作的高校和科研机构更多	1	2	3	4	5	6	7
A23	相对于网络内同行业企业，与本公司合作的政府部门及行业协会更多	1	2	3	4	5	6	7
A24	相对于网络内同行业企业，与本公司合作的金融机构及中介机构更多	1	2	3	4	5	6	7
A31	本公司在业内知名度高	1	2	3	4	5	6	7
A32	本公司在创新合作中占据主导和主动位置	1	2	3	4	5	6	7
A33	不少于3家企业会主动和本公司进行技术合作或寻求技术支持	1	2	3	4	5	6	7

第二部分　创新网络关系嵌入

请根据贵企业实际情况在相应数字处打√

数值越大，说明您越同意该表述，选项没有对错之分

题号	题项	1：非常不同意 4：不确定 7：非常同意						
B11	相对于网络内同行业企业，本公司和同行业及其他行业企业（包括上下游企业）合作更频繁	1	2	3	4	5	6	7
B12	相对于网络内同行业企业，本公司和高校以及科研机构合作更频繁	1	2	3	4	5	6	7
B13	相对于网络内同行业企业，本公司和政府部门及行业协会合作更频繁	1	2	3	4	5	6	7
B14	相对于网络内同行业企业，本公司和金融机构及中介机构的合作更频繁	1	2	3	4	5	6	7
B21	本公司与不少于3家同行业及其他行业企业（包括上下游企业）有不短于1年的合作	1	2	3	4	5	6	7
B22	本公司与不少于3家高校、科研机构有不短于1年的合作	1	2	3	4	5	6	7
B23	本公司与不少于3个政府部门及行业协会有不短于1年的合作	1	2	3	4	5	6	7
B24	本公司与不少于3家金融机构及中介机构有不短于1年的合作	1	2	3	4	5	6	7
B31	本公司与合作伙伴相互信任	1	2	3	4	5	6	7
B32	本公司与合作伙伴共享资源	1	2	3	4	5	6	7
B33	本公司与合作伙伴利益相关	1	2	3	4	5	6	7

第三部分　智力资本

请根据贵企业实际情况在相应数字处打√

数值越大，说明您越同意该表述，选项没有对错之分

题号	题项	1：非常不同意 4：不确定 7：非常同意						
C11	本公司员工的专业技能娴熟	1	2	3	4	5	6	7
C12	本公司员工的流动性较低	1	2	3	4	5	6	7
C13	本公司员工的创新能力较强	1	2	3	4	5	6	7
C21	本公司组织结构比较完善	1	2	3	4	5	6	7
C22	本公司的企业文化比较有活力和创造性	1	2	3	4	5	6	7
C23	本公司的规章制度有利于专利等创新知识的管理	1	2	3	4	5	6	7
C31	本公司与不少于3家同行业及其他行业企业（包括上下游企业）关系融洽	1	2	3	4	5	6	7
C32	本公司与不少于3家高校、科研机构合作良好	1	2	3	4	5	6	7
C33	本公司与不少于3个政府部门及行业关系融洽	1	2	3	4	5	6	7
C34	本公司与不少于3家金融机构及中介机构关系融洽	1	2	3	4	5	6	7
C35	本公司能从合作伙伴中获取到很多有价值的信息	1	2	3	4	5	6	7

第四部分　突破性技术创新绩效

请根据贵企业实际情况在相应数字处打√

数值越大，说明您越同意该表述，选项没有对错之分

题号	题项	1：非常不同意 4：不确定 7：非常同意						
D11	最近 3 年本企业能够每年至少推出一款全新产品	1	2	3	4	5	6	7
D12	最近 3 年本企业能够每年至少推出一项全新技术	1	2	3	4	5	6	7
D13	最近 3 年本企业开发新产品和新技术的周期与费用不断减少	1	2	3	4	5	6	7
D21	最近 3 年本公司开发的新产品和新技术促进了市场占有率的不断提高	1	2	3	4	5	6	7
D22	最近 3 年本公司开发的新产品和新技术促进了销售量的不断提高	1	2	3	4	5	6	7
D23	最近 3 年本公司开发的新产品和新技术促进了企业利润的不断提高	1	2	3	4	5	6	7
D24	最近 3 年本公司开发的新产品和新技术促进了企业知名度的不断提高	1	2	3	4	5	6	7

第五部分　环境不确定性

请根据贵企业实际情况在相应数字处打√

数值越大，说明您越同意该表述，选项没有对错之分

题号	题项	1：非常不同意 4：不确定 7：非常同意						
E11	最近 3 年本公司所在行业顾客偏好不断变化	1	2	3	4	5	6	7
E12	最近 3 年本公司所在行业顾客偏好不断变化	1	2	3	4	5	6	7

题号	题项	1：非常不同意 4：不确定 7：非常同意						
E13	最近3年本公司所在行业竞争者每年至少推出一款新产品	1	2	3	4	5	6	7
E14	最近3年本公司所在行业政府每年至少推出一项新政策或对现有政策进行调整	1	2	3	4	5	6	7

第六部分　吸收能力

请根据贵企业实际情况在相应数字处打√

数值越大，说明您越同意该表述，选项没有对错之分

题号	题项	1：非常不同意 4：不确定 7：非常同意						
F11	相对于网络内同行业企业，本公司更容易理解和分析外部知识及技术	1	2	3	4	5	6	7
F12	相对于网络内同行业企业，本公司更容易从潜在竞争对手中及时且连续获取相关信息和知识	1	2	3	4	5	6	7
F13	相对于网络内同行业企业，本公司更容易吸收有用或有潜在价值的新技术和新知识	1	2	3	4	5	6	7
F14	相对于网络内同行业企业，本公司更容易运用外部知识满足公司发展需要	1	2	3	4	5	6	7
F21	相对于网络内同行业企业，本公司更容易与研发机构合作开发新产品和新知识	1	2	3	4	5	6	7
F22	相对于网络内同行业企业，本公司更容易将知识和技术用于开发新专利	1	2	3	4	5	6	7
F23	相对于网络内同行业企业，本公司更容易运用员工的知识、经验及能力发现新技术机会	1	2	3	4	5	6	7
F24	相对于网络内同行业企业，本公司更容易利用新技术迅速适应市场变化	1	2	3	4	5	6	7

附录 C　题项描述性统计汇总

题项	N	极小值	极大值	均值	标准差
A11	269	1	7	4.88	0.979
A12	269	1	7	4.95	1.004
A13	270	1	7	5.26	0.967
A14	271	1	7	3.87	2.187
A21	270	1	7	5.43	0.952
A22	272	1	7	4.96	1.027
A23	270	1	7	5.59	1.016
A24	270	1	7	3.91	2.149
A31	269	1	7	5.30	0.931
A32	269	1	7	4.88	0.829
A33	270	1	7	5.18	1.024
B11	272	1	7	5.29	0.909
B12	269	1	7	5.41	0.948
B13	272	1	7	4.99	0.897
B14	272	1	7	3.99	2.214
B21	272	1	7	4.79	0.884
B22	270	1	7	5.11	0.904
B23	272	1	7	5.10	1.054
B24	272	1	7	3.96	2.120
B31	271	1	7	4.94	1.002
B32	268	1	7	4.93	1.047
B33	269	1	7	5.39	1.033
C11	270	1	7	4.23	1.424
C12	270	1	7	4.25	1.369
C13	271	1	7	4.20	1.460
C21	270	1	7	5.07	0.844
C22	269	1	7	5.14	0.854

续表

题项	N	极小值	极大值	均值	标准差
C23	269	1	7	5.12	0.862
C31	271	1	7	4.54	1.017
C32	273	1	7	4.53	1.029
C33	272	1	7	4.56	1.026
C34	269	1	7	3.90	2.162
C35	270	1	7	4.53	1.037
D1	271	1	7	5.08	0.961
D2	270	1	7	5.06	0.974
D3	268	1	7	5.09	0.957
D4	272	1	7	5.07	0.958
D5	269	1	7	5.07	0.973
D6	270	1	7	5.09	0.965
D7	272	1	7	4.16	2.182
E1	273	1	7	5.18	1.016
E2	273	1	7	4.76	0.955
E3	272	1	7	5.01	0.981
E4	272	1	7	4.92	0.972
F1	270	1	7	5.86	0.693
F2	271	1	7	4.01	2.191
F3	271	1	7	5.75	0.684
F4	269	1	7	5.72	0.758
F5	271	1	7	5.72	0.726
F6	273	1	7	5.30	0.799
F7	269	1	7	5.72	0.748
F8	271	1	7	4.07	2.207
TIME	270	1.00	3.00	2.0000	0.81801
SIZE	269	1.00	3.00	1.9851	0.83295
有效的 N（列表状态）	253				

附录 D 结构嵌入量表 EFA 反映象矩阵

反映象矩阵

		A11	A12	A13	A14	A21	A22	A23	A24	A31	A32	A33
反映象相关	A11	0.673[a]	-0.254	-0.490	0.099	0.190	0.131	-0.306	-0.157	0.122	-0.069	-0.067
	A12	-0.254	0.733[a]	-0.458	0.138	0.188	-0.069	-0.048	-0.131	0.095	-0.124	0.130
	A13	-0.490	-0.458	0.614[a]	-0.067	-0.231	-0.170	0.303	0.097	-0.155	0.063	0.073
	A14	0.099	0.138	-0.067	0.467[a]	-0.077	-0.040	0.120	-0.066	0.264	-0.169	0.026
	A21	0.190	0.188	-0.231	-0.077	0.734[a]	-0.403	-0.441	0.015	-0.073	-0.091	0.080
	A22	0.131	-0.069	-0.170	-0.040	-0.403	0.740[a]	-0.528	-0.087	-0.007	0.107	-0.121
	A23	-0.306	-0.048	0.303	0.120	-0.441	-0.528	0.675[a]	0.018	0.090	-0.070	0.061
	A24	-0.157	-0.131	0.097	-0.066	0.015	-0.087	0.018	0.598[a]	-0.118	0.191	-0.175
	A31	0.122	0.095	-0.155	0.264	-0.073	-0.007	0.090	-0.118	0.741[a]	-0.200	-0.465
	A32	-0.069	-0.124	0.063	-0.169	-0.091	0.107	-0.070	0.191	-0.200	0.683[a]	-0.604
	A33	-0.067	0.130	0.073	0.026	0.080	-0.121	0.061	-0.175	-0.465	-0.604	0.667[a]

a. 取样足够度度量 (MSA)

附录 E　关系嵌入量表 EFA 反映象矩阵

反映象矩阵

		B11	B12	B13	B14	B21	B22	B23	B24	B31	B32	B33
反映象相关	B11	0.691[a]	-0.257	-0.427	0.007	-0.202	0.374	-0.038	-0.018	0.040	-0.032	-0.083
	B12	-0.257	0.683[a]	-0.546	0.064	0.063	0.113	-0.256	0.052	0.003	-0.001	0.091
	B13	-0.427	-0.546	0.566[a]	-0.161	0.043	-0.430	0.391	-0.024	-0.002	-0.019	0.039
	B14	0.007	0.064	-0.161	0.339[a]	0.227	0.100	-0.216	0.242	0.388	-0.224	-0.074
	B21	-0.202	0.063	0.043	0.227	0.706[a]	-0.429	-0.458	0.173	0.081	-0.004	0.053
	B22	0.374	0.113	-0.430	0.100	-0.429	0.617[a]	-0.423	-0.031	0.098	-0.208	0.007
	B23	-0.038	-0.256	0.391	-0.216	-0.458	-0.423	0.656[a]	-0.012	-0.078	0.114	-0.090
	B24	-0.018	0.052	-0.024	0.242	0.173	-0.031	-0.012	0.521[a]	0.193	-0.137	0.106
	B31	0.040	0.003	-0.002	0.388	0.081	0.098	-0.078	0.193	0.616[a]	-0.274	-0.383
	B32	-0.032	-0.001	-0.019	-0.224	-0.004	-0.208	0.114	-0.137	-0.274	0.618[a]	-0.437
	B33	-0.083	0.091	0.039	-0.074	0.053	0.007	-0.090	0.106	-0.383	-0.437	0.675[a]

a. 取样足够度度量（MSA）

附录 F 智力资本量表 EFA 反映象矩阵

		C11	C12	C13	C21	C22	C23	C31	C32	C33	C34	C35
反映象相关						反映象矩阵						
	C11	0.709a	-0.614	-0.293	0.058	-0.082	0.067	-0.252	-0.128	0.254	0.272	0.240
	C12	-0.614	0.692a	-0.529	0.095	0.068	-0.201	0.118	0.002	-0.264	-0.178	0.021
	C13	-0.293	-0.529	0.789a	-0.149	-0.020	0.150	0.060	0.074	0.130	-0.028	-0.204
	C21	0.058	0.095	-0.149	0.758a	-0.072	-0.633	-0.029	-0.014	0.040	-0.303	0.034
	C22	-0.082	0.068	-0.020	-0.072	0.831a	-0.535	-0.076	0.241	0.015	-0.035	-0.078
	C23	0.067	-0.201	0.150	-0.633	-0.535	0.711a	0.112	-0.194	-0.044	0.331	-0.028
	C31	-0.252	0.118	0.060	-0.029	-0.076	0.112	0.765a	-0.435	-0.528	-0.082	-0.720
	C32	-0.128	0.002	0.074	-0.014	0.241	-0.194	-0.435	0.915a	-0.024	-0.133	-0.045
	C33	0.254	-0.264	0.130	0.040	0.015	-0.044	-0.528	-0.024	0.889a	-0.027	0.047
	C34	0.272	-0.178	-0.028	-0.303	-0.035	0.331	-0.082	-0.133	-0.027	0.477a	0.183
	C35	0.240	0.021	-0.204	0.034	-0.078	-0.028	-0.720	-0.045	0.047	0.183	0.842a

a. 取样足够度度量（MSA）

附录 G　突破性技术创新绩效量表 EFA 反映象矩阵

<table>
<tr><th colspan="9">反映象矩阵</th></tr>
<tr><th></th><th></th><th>D1</th><th>D2</th><th>D3</th><th>D4</th><th>D5</th><th>D6</th><th>D7</th></tr>
<tr><td rowspan="7">反映象相关</td><td>D1</td><td>0.899[a]</td><td>0.019</td><td>−0.025</td><td>−0.424</td><td>0.004</td><td>−0.590</td><td>−0.148</td></tr>
<tr><td>D2</td><td>0.019</td><td>0.915[a]</td><td>−0.649</td><td>0.010</td><td>−0.011</td><td>−0.018</td><td>−0.170</td></tr>
<tr><td>D3</td><td>−0.025</td><td>−0.649</td><td>0.821[a]</td><td>−0.591</td><td>−0.426</td><td>0.272</td><td>0.195</td></tr>
<tr><td>D4</td><td>−0.424</td><td>0.010</td><td>−0.591</td><td>0.863[a]</td><td>0.419</td><td>−0.266</td><td>−0.040</td></tr>
<tr><td>D5</td><td>0.004</td><td>−0.011</td><td>−0.426</td><td>0.419</td><td>0.877[a]</td><td>−0.562</td><td>−0.049</td></tr>
<tr><td>D6</td><td>−0.590</td><td>−0.018</td><td>0.272</td><td>−0.266</td><td>−0.562</td><td>0.854[a]</td><td>0.148</td></tr>
<tr><td>D7</td><td>−0.148</td><td>−0.170</td><td>0.195</td><td>−0.040</td><td>−0.049</td><td>0.148</td><td>0.423[a]</td></tr>
</table>

a. 取样足够度度量（MSA）

附录 H　吸收能力量表 EFA 反映象矩阵

<table>
<tr><th colspan="10">反映象矩阵</th></tr>
<tr><th></th><th></th><th>F1</th><th>F2</th><th>F3</th><th>F4</th><th>F5</th><th>F6</th><th>F7</th><th>F8</th></tr>
<tr><td rowspan="8">反映象相关</td><td>F1</td><td>0.923[a]</td><td>0.051</td><td>−0.285</td><td>−0.385</td><td>0.067</td><td>0.042</td><td>−0.076</td><td>0.031</td></tr>
<tr><td>F2</td><td>0.051</td><td>0.678[a]</td><td>−0.032</td><td>−0.002</td><td>0.048</td><td>0.007</td><td>−0.089</td><td>−0.016</td></tr>
<tr><td>F3</td><td>−0.285</td><td>−0.032</td><td>0.897[a]</td><td>−0.165</td><td>−0.284</td><td>−0.210</td><td>−0.306</td><td>0.254</td></tr>
<tr><td>F4</td><td>−0.385</td><td>−0.002</td><td>−0.165</td><td>0.872[a]</td><td>−0.168</td><td>−0.425</td><td>−0.240</td><td>−0.252</td></tr>
<tr><td>F5</td><td>0.067</td><td>0.048</td><td>−0.284</td><td>−0.168</td><td>0.948[a]</td><td>−0.069</td><td>−0.136</td><td>−0.100</td></tr>
<tr><td>F6</td><td>0.042</td><td>0.007</td><td>−0.210</td><td>−0.425</td><td>−0.069</td><td>0.927[a]</td><td>−0.050</td><td>0.069</td></tr>
<tr><td>F7</td><td>−0.076</td><td>−0.089</td><td>−0.306</td><td>−0.240</td><td>−0.136</td><td>−0.050</td><td>0.943[a]</td><td>0.071</td></tr>
<tr><td>F8</td><td>0.031</td><td>−0.016</td><td>0.254</td><td>−0.252</td><td>−0.100</td><td>0.069</td><td>0.071</td><td>0.369[a]</td></tr>
</table>

a. 取样足够度度量（MSA）

附录 I 删除题项 F2 后吸收能力量表的反映象矩阵

		F1	F3	F4	F5	F6	F7	F8
					反映象矩阵			
反映象相关	F1	0.924[a]	−0.284	−0.385	0.064	0.041	−0.071	0.032
	F3	−0.284	0.897[a]	−0.165	−0.283	−0.210	−0.311	0.253
	F4	−0.385	−0.165	0.872[a]	−0.168	−0.425	−0.241	−0.252
	F5	0.064	−0.283	−0.168	0.949[a]	−0.069	−0.132	−0.100
	F6	0.041	−0.210	−0.425	−0.069	0.927[a]	−0.050	0.069
	F7	−0.071	−0.311	−0.241	−0.132	−0.050	0.944[a]	0.069
	F8	0.032	0.253	−0.252	−0.100	0.069	0.069	0.370[a]

a. 取样足够度度量（MSA）

参 考 文 献

［1］ Teece D J. A dynamic capabilities-based entrepreneurial theory of the multinational enterprise ［J］. *Journal of International Business Studies*, 2014, 45 (1): 8 – 37.

［2］ Helfat C E. Know-how and asset complementarity and dynamic capability accumulation: the case of r&d ［J］. *Strategic Management Journal*, 2015, 18 (5): 339 – 360.

［3］ 邱昭良. 学习型组织新实践: 持续创新的策略与方法 ［M］. 北京: 机械工业出版社, 2010.

［4］ 董保宝, 葛宝山, 王侃. 资源整合过程、动态能力与竞争优势: 机理与路径 ［J］. 管理世界, 2011 (3): 92 – 101.

［5］ 曹红军, 卢长宝, 王以华. 资源异质性如何影响企业绩效: 资源管理能力调节效应的检验和分析 ［J］. 南开管理评论, 2011 (4): 25 – 31.

［6］ 杨平, 熊静琪. 基于 CAI 和互联网的开放式创新实验室的建设 ［J］. 实验室研究与探索, 2001, 20 (5): 108 – 108.

［7］ 朱志松, 刘明. 开放式创新实践实验室信息平台构造技术研究 ［J］. 工程设计 CAD 与智能建筑, 2001 (10): 54 – 56.

［8］ Storper M, Venables A J. Buzz: face-to-face contact and the urban economy ［J］. *Journal of Economic Geography*, 2004, 4 (4): 351 – 370.

［9］ Pierre – Alexandre Balland. Proximity and the evolution of collaboration networks: evidence from research and development projects within the global navigation satellite System (GNSS) industry ［J］. *Regional Studies*, 2012, 46 (6): 741 – 756.

［10］ 陈强, 刘笑. 上海高校创新合作演化路径分析——基于论文合作的角度 ［J］. 同济大学学报: 社会科学版, 2016, 27 (5): 109 – 116.

［11］ 魏旭, 张艳. 知识分工、社会资本与集群式创新网络的演化 ［J］. 当代经济研究, 2006 (10): 24 – 27.

［12］蒋同明，刘世庆．基于自组织理论的区域创新网络演化研究［J］．科技管理研究，2011，31（7）：23－26.

［13］Clifton N，Keast R，Pickernell D，et al. Network structure，knowledge governance，and firm performance：Evidence from innovation networks and SMEs in the UK［J］. *Growth and Change*，2010，41（3）：337－373.

［14］Guan J，Zhang J，Yan Y. The impact of multilevel networks on innovation ［J］. *Research Policy*，2015，44（3）：545－559.

［15］刘学元，丁雯婧，赵先德．企业创新网络中关系强度、吸收能力与创新绩效的关系研究［J］．南开管理评论，2016，19（1）：30－42.

［16］Penrose E. Theory of the Growth of the Firm ［J］. *Journal of the Operational Research Society*，1959，23（2）：240－241.

［17］Rubin P H. The expansion of firms ［J］. *Journal of Political Economy*，1973，81（4）：936－949.

［18］Wernerfelt B. A resource-based view of the firm ［J］. *Strategic Management Journal*，1984，5（2）：171－180.

［19］Barney J B. Strategic factor markets：Expectations，luck，and business strategy ［J］. *Management Science*，1986，32（10）：1231－1241.

［20］Barney J. Firm resources and sustained competitive advantage ［J］. *Journal of Management*，1991，17（1）：99－120.

［21］Peteraf M A. The cornerstones of competitive advantage：a resource-based view ［J］. *Strategic Management Journal*，1993，14（3）：179－191.

［22］［美］汉森．并购指南：人员整合［M］．张弢，译．北京：中信出版社，2004.

［23］Sirmon D G，Hitt M A，Ireland R D. Managing firm resources in dynamic environments to create value：looking inside the black box ［J］. *Academy of Management Review*，2007，32（1）：273－292.

［24］Sirmon D G，Hitt M A，Ireland R D，et al. Resource orchestration to create competitive advantage：breadth，depth，and life cycle effects ［J］. *Journal of Management*，2011，37（5）：1390－1412.

［25］Leonard－Barton D. Core capabilities and core rigidities：a paradox in managing new product development ［J］. *Strategic Management Journal*，1992，13（S1）：111－125.

［26］ Eisenhardt K M, Martin J A. Dynamic capabilities: what are they? ［J］. *Strategic Management Journal*, 2000: 1105 - 1121.

［27］ Barney J B. Resource-based theories of competitive advantage: a ten-year retrospective on the resource-based view ［J］. *Journal of Management*, 2001, 27 (6): 643 - 650.

［28］ Stigler G J. The organization of industry ［M］. University of Chicago Press, 1983.

［29］ Prahalad C K, Hamel G. The core competence of the corporation ［J］. *Boston (Ma)*, 1990: 235 - 256.

［30］ Stalk, Evans & Shulman. Competing on capabilities: the newrules of corporate strategy ［J］. *Harvard Business Review*, 1992, 70 (2): 57 - 69.

［31］ Senior N W. *An outline of the science of political economy* ［M］. W. Clowes and sons, 1836.

［32］ Galbraith J K. How to control the military ［M］. Doubleday, 1969.

［33］ Stewart T A. Brainpower: how intellectual capital becoming America's most valuable asset ［J］. *Fortune*, 1991, 3 (June).

［34］ Thomas A. Stewart. Intellectual capital: the new wealth of organizations ［J］. *Performance Improvement*, 1998, 37 (7): 56 - 59.

［35］ Brooking A. *Intellectual capital* ［M］. Cengage Learning EMEA, 1996.

［36］ Sveiby K E. The intangible assets monitor ［J］. Journal of Human Resource Costing & Accounting, 1997, 2 (1): 73 - 97.

［37］ 李平. 基于生命周期理论的企业智力资本开发策略 ［J］. 统计与决策, 2006 (22): 171 - 173.

［38］ 李海洪, 王博. 高技术企业智力资本对财务绩效影响的实证研究 ［J］. 经济问题, 2011 (9): 110 - 113.

［39］ Edvinsson L, Sullivan P. Developing a model for managing intellectual capital ［J］. *European Management Journal*, 1996, 14 (4): 356 - 364.

［40］ Bontis N. There's a price on your head: managing intellectual capital strategically ［J］. *Business Quarterly*, 1996, 60 (4): 40 - 46.

［41］ 林晓珩, 林英, 张飏. 智力资本相关理论分析 ［J］. 管理观察, 2015 (23): 138 - 140.

［42］ 袁丽. 关于智力资本基本概念 ［J］. 中国软科学, 2000 (2): 121 - 123.

［43］睢利利，王伟. 智力资本风险控制研究 ［J］. 企业导报，2010 （12）：82 - 83.

［44］Ulrich D. Intellectual capital = competence x commitment ［J］. *Sloan Management Review*，1998，39 （2）：15.

［45］Petty R，Guthrie J. Intellectual capital literature review：measurement，reporting and management ［J］. *Journal of Intellectual Capital*，2000，1 （2）：155 - 176.

［46］南星恒，张莹，梁雨萌. 企业智力资本与技术创新能力契合机理研究——基于不同生命周期阶段的分析 ［J］. 财会通讯，2017 （24）：70 - 73.

［47］Edvinsson L，Malone M S. *Intellectual capital：realizing your company's true value by finding its hidden brainpower* ［M］. New York：Harper Business，cop.，1997.

［48］Nahapiet J，Ghoshal S. Social capital，intellectual capital，and the organizational advantage ［J］. *Academy of Management Review*，1998，23 （2）：242 - 266.

［49］Sullivan P H. *Value driven intellectual capital：how to convert intangible corporate assets into market value* ［M］. John Wiley & Sons，Inc.，2000.

［50］Stewart G B. EVA™：Fast and Fantasy ［J］. *Journal of Applied Corporate Finance*，1994，7 （2）：71 - 84.

［51］Johnson W H A. An integrative taxonomy of intellectual capital：measuring the stock and flow of intellectual capital components in the firm ［J］. *International Journal of Technology Management*，1999，18 （5 - 8）：562 - 575.

［52］Saint - Onge H. Tacit knowledge the key to the strategic alignment of intellectual capital ［J］. *Planning Review*，1996，24 （2）：10 - 16.

［53］Dzinkowski R. The measurement and management of intellectual capital：an introduction ［J］. *Management Accounting：Magazine for Chartered Management Accountants*，2000，78 （2）：32 - 35.

［54］Michalisin M D，Kline D M，Smith R D. Intangible strategic assets and firm performance：a multi-industry study of the resource-based view ［J］. *Journal of Business Strategies*，2000，17 （2）：93 - 96.

［55］杨隽萍，游春. 基于知识管理视角的智力资本与企业价值的耦合性分析 ［J］. 贵州社会科学，2011 （4）：73 - 77.

［56］Joia L A. Measuring intangible corporate assets：linking business strategy with intellectual capital ［J］. *Journal of Intellectual Capital*，2000，1 （1）：68 - 84.

［57］ Leliaert P J C, Candries W, Tilmans R. Identifying and managing IC: a new classification ［J］. *Journal of Intellectual Capital*, 2003, 4 (2): 202 –214.

［58］ Johannessen J A, Olsen B, Olaisen J. Intellectual capital as a holistic management philosophy: a theoretical perspective ［J］. *International Journal of Information Management*, 2005, 25 (2): 151 –171.

［59］ Chang S C, Chen S S, Lai J H. The effect of alliance experience and intellectual capital on the value creation of international strategic alliances ［J］. *Omega*, 2008, 36 (2): 298 –316.

［60］ 李冬伟, 李建良. 基于知识价值链的智力资本构成要素实证研究 ［J］. 科学学研究, 2011, 29 (6): 890 –899.

［61］ Bueno E, Paz Salmador M, Rodríguez Ó. The role of social capital in today's economy: empirical evidence and proposal of a new model of intellectual capital ［J］. *Journal of Intellectual Capital*, 2004, 5 (4): 556 –574.

［62］ Andreou A N, Bontis N. A model for resource allocation using operational knowledge assets ［J］. *The Learning Organization*, 2007, 14 (4): 345 –374.

［63］ Solow R M. Technical change and the aggregate production function ［J］. *The Review of Economics and Statistics*, 1957: 312 –320.

［64］ Schmookler J. Invention and economic growth ［J］. *Economic History Review*, 1966, 20 (1): 135.

［65］ Mansfield E. *Industrial research and technological innovation: an econometric analysis* ［J］. New York: Norton, 1968.

［66］ Romer P M. Increasing returns and long-run growth ［J］. *Journal of Political Economy*, 1986, 94 (5): 1002 –1037.

［67］ Romer P M. Endogenous technological change ［J］. *Journal of political Economy*, 1990, 98 (5, Part 2): S71 –S102.

［68］ Utterback J M, Abernathy W J. A dynamic model of process and product innovation ［J］. *Omega*, 1975, 3 (6): 639 –656.

［69］ Dosi G. Technological paradigms and technological trajectories: a suggested interpretation of the determinants and directions of technical change ［J］. *Research Policy*, 1982, 11 (3): 147 –162.

［70］ Tushman M L, Anderson P. Technological discontinuities and organizational environments ［J］. *Administrative Science Quarterly*, 1986: 439 –465.

［71］ Cohen W M, Levinthal D A. Absorptive capacity: a new perspective on learning and innovation ［J］. *Administrative Science Quarterly*, 1990: 128 – 152.

［72］ Jeffrey H. Dyer, Harbir Singh. The relational view: cooperative strategy and sources of interorganizational competitive advantage ［J］. *The Academy of Management Review*, 1998, 23 (4): 660 – 679.

［73］ Richard R. Nelson. *National innovation systems: a comparative analysis* ［M］. Oxford University Press, 1993.

［74］ Gill D, Minshall T. Funding technology: Britain forty years on ［J］. *Cambridge St Johns Innovation Centre & Institute for Manufacturing*, 2007.

［75］ Chesbrough H W. The era of open innovation ［J］. *Mit Sloan Management Review*, 2003, 44 (3): 35 – 41.

［76］后锐, 张毕西. 企业开放式创新: 概念、模型及其风险规避 ［J］. 科技进步与对策, 2006, 23 (3): 140 – 142.

［77］王圆圆, 周明. 企业开放式创新中的利益相关者管理 ［J］. 市场研究, 2008 (4): 49 – 52.

［78］陈钰芬, 陈劲. 开放式创新促进创新绩效的机理研究 ［J］. 科研管理, 2009, 30 (4): 1 – 9.

［79］谢学军, 姚伟. 开放式创新模式下的企业信息资源重组研究 ［J］. 图书情报工作, 2010, 54 (4): 75 – 78, 134.

［80］陈劲, 吴波. 开放式技术创新范式下企业全面创新投入研究 ［J］. 管理工程学报, 2011, 25 (4): 227 – 234.

［81］罗伟民, 孙炼. 移动互联网时代的电信运营企业开放式创新 ［J］. 通信企业管理, 2011 (8): 75 – 77.

［82］陈劲, 王鹏飞. 选择性开放式创新——以中控集团为例 ［J］. 软科学, 2011, 25 (2): 112 – 115.

［83］陈爽英, 井润田, 邵云飞. 开放式创新条件下企业创新资源获取机制的拓展 ［J］. 管理学报, 2012, 9 (4).

［84］ Rothwell R. Successful industrial innovation: critical factors for the 1990s ［J］. *R&d Management*, 1992, 22 (3): 221 – 240.

［85］ Freeman C. Networks of innovators: a synthesis of research issues ［J］. *Research Policy*, 1991, 20 (5): 499 – 514.

［86］ Cooke P. The new wave of regional innovation networks: analysis, characteristics and strategy [J]. *Small Business Economics*, 1996, 8 (2): 159 – 171.

[87] Koschatzky K. *Technology transfer, innovation networking and regional development* [R]. EURESTPOR Conference, 1996.

[88] Harris L, Coles A M, Dickson K. Building innovation networks: Issues of strategy and expertise [J]. *Technology Analysis & Strategic Management*, 2000, 12 (2): 229 – 241.

[89] 王大洲. 企业创新网络的进化与治理: 一个文献综述 [J]. 科研管理, 2001, 22 (5): 96 – 103.

[90] 王飞. 生物医药创新网络演化机理研究——以上海张江为例 [J]. 科研管理, 2012, 33 (2): 48 – 54.

[91] Arndt O, Sternberg R. Do manufacturing firms profit from intraregional innovation linkages? An empirical based answer [J]. European Planning Studies, 2000, 8 (4): 465 – 485.

[92] 郑展, 韩伯棠. 基于知识流动的区域创新网络研究评述 [J]. 科技管理研究, 2009 (6): 176 – 178.

[93] 连远强. 国外创新网络研究述评与区域共生创新战略 [J]. 人文地理, 2016, 31 (1): 26 – 32.

[94] Dicken P. The Roepke lecture in economic geography global-local tensions: firms and states in the global space-economy [J]. *Economic Geography*, 1994, 70 (2): 101 – 128.

[95] Liefner I, Hennemann S, Xin L. Cooperation in the innovation process in developing countries: empirical evidence from Zhongguancun, Beijing [J]. *Environment and Planning A*, 2006, 38 (1): 111 – 130.

[96] Dewar R D, Dutton J E. The adoption of radical and incremental innovations: an empirical analysis [J]. *Management Science*, 1986, 32 (11): 1422 – 1433.

[97] Christensen C M, Rosenbloom R S. Explaining the attacker's advantage: technological paradigms, organizational dynamics, and the value network [J]. *Research Policy*, 1995, 24 (2): 233 – 257.

[98] Kotelnikov V. *Radical innovation versus incremental innovation* [M]. Harvard Business School Press, Boston, 2000.

[99] Thomond P, Herzberg T, Lettice F. *Disruptive innovation: removing the innovators dilemma* [C]//British Academy of Management Annual Conference: Knowl-

edge into Practice. 2003.

[100] Hang C C, Neo K B, Chai K H. *Discontinuous technological innovations*: *a review of its categorization* [C]//Management of Innovation and Technology, 2006 IEEE International conference on. IEEE, 2006, 1: 253 – 257.

[101] Mclaughlin P, Bessant J, Smart P. Developing an organisation culture to facilitate radical innovation [J]. *International Journal of Technology Management*, 2008, 44 (3 – 4): 298 – 323.

[102] Berg D, Einspruch N G. Research note: Intellectual property in the services sector: innovation and technology management implications [J]. *Technovation*, 2009, 29 (5): 387 – 393.

[103] Chang Y C, Linton J D, Chen M N. Service regime: an empirical analysis of innovation patterns in service firms [J]. *Technological Forecasting and Social Change*, 2012, 79 (9): 1569 – 1582.

[104] 陈劲, 戴凌燕, 李良德. 突破性创新及其识别 [J]. 科技管理研究, 2002, 22 (5): 22 – 28.

[105] 张洪石, 陈劲. 突破性创新的组织模式研究 [J]. 科学学研究, 2005, 23 (4): 566 – 571.

[106] 薛红志, 张玉利. 突破性创新, 互补性资产与企业间合作的整合研究 [J]. 中国工业经济, 2006 (8): 101 – 108.

[107] 赵杰, 游达明. 突破性技术创新与企业组织结构 [J]. 企业经济, 2010 (11): 25 – 27.

[108] 张可, 高庆昆. 基于突破性技术创新的企业核心竞争力构建研究 [J]. 管理世界, 2013 (6): 180 – 181.

[109] 孙圣兰. 基于临界点的突破性技术创新研究 [J]. 应用泛函分析学报, 2014, 16 (3): 274 – 278.

[110] 周磊, 杨威. 竞争情报视角下突破性创新的识别思路 [J]. 情报杂志, 2015, 34 (1): 32 – 37.

[111] Tremblay P. The economic organization of tourism [J]. *Annals of Tourism Research*, 1998, 25 (4): 837 – 859.

[112] Arcelus F J, Arocena P. Convergence and productive efficiency in fourteen OECD countries: a non-parametric frontier approach [J]. *International Journal of Production Economics*, 2000, 66 (2): 105 – 117.

［113］池仁勇.企业技术创新效率及其影响因素研究［J］.数量经济技术经济研究，2003（6）：105 - 108.

［114］Aggrey N, Joseph L E S. Human capital and labor productivity in east african manufacturing firms［J］. *Current Research Journal of Economic Theory*，2010，2（2）：48 - 54.

［115］朱永国.区域科技投入绩效绿色评估指标体系研究［D］.济南：山东大学，2007.

［116］Knight L, Pye A. Network learning：An empirically derived model of learning by groups of organizations［J］. *Human Relations*，2005，58（3）：369 - 392.

［117］易将能，孟卫东，杨秀苔.区域创新网络演化的阶段性研究［J］.科研管理，2005，26（5）：24 - 28.

［118］曾刚，林兰.不同空间尺度的技术扩散影响因子研究［J］.科学学与科学技术管理，2006，27（2）：22 - 27.

［119］李二玲，李小建.农区产业集群，网络与中部崛起［J］.人文地理，2006，21（1）：60 - 64.

［120］鲁新.创新网络形成与演化机制研究［D］.武汉：武汉理工大学，2010.

［121］Canfei He, Junsong Wang. Does ownership matter for industrial agglomeration in China? ［J］. *Asian Geographer*，2012，29（1）：1 - 19.

［122］Bathelt H, Li P F. Global cluster networks—foreign direct investment flows from Canada to China［J］. *Journal of Economic Geography*，2014，14（1）：45 - 71.

［123］符文颖，Javier Revilla Diez, Daniel Schiller. 区域创新系统的管治框架演化——来自深圳和东莞的对比实证［J］.人文地理，2013（4）：83 - 88.

［124］符文颖.地方创业与集群转型：一个理论整合的视角［J］.地理科学，2016，36（5）：715 - 723.

［125］马丽，刘卫东，刘毅.经济全球化下地方生产网络模式演变分析——以中国为例［J］.地理研究，2004，23（1）：87 - 96.

［126］Giuliani E, Bell M. The micro-determinants of meso-level learning and innovation：evidence from a Chilean wine cluster［J］. *Research Policy*，2005，34（1）：47 - 68.

［127］李二玲，李小建.欠发达农区传统制造业集群的网络演化分析——

以河南省虞城县南庄村钢卷尺产业集群为例 [J]. 地理研究, 2009, 28 (3): 738 – 750.

[128] Balland P A, De Vaan M, Boschma R. The dynamics of interfirm networks along the industry life cycle: the case of the global video game industry, 1987—2007 [J]. *Journal of Economic Geography*, 2012, 13 (5): 741 – 765.

[129] 吕国庆, 曾刚, 郭金龙. 长三角装备制造业产学研创新网络体系的演化分析 [J]. 地理科学, 2014, 34 (9): 1051 – 1059.

[130] 李金华, 孙东川. 创新网络的演化模型 [J]. 科学学研究, 2006, 24 (1): 135 – 140.

[131] Inkpen A C, Tsang E W K. Social capital, networks, and knowledge transfer [J]. *Academy of Management Review*, 2005, 30 (1): 146 – 165.

[132] 钱锡红, 徐万里, 杨永福. 基于战略联盟的科技型中小企业成长研究 [J]. 软科学, 2010, 5.

[133] Rost K. The strength of strong ties in the creation of innovation [J]. *Research Policy*, 2011, 40 (4): 588 – 604.

[134] 解学梅, 左蕾蕾. 企业协同创新网络特征与创新绩效: 基于知识吸收能力的中介效应研究 [J]. 南开管理评论, 2013, 16 (3): 47 – 56.

[135] Corey G. Theory and practice of counseling and psychotherapy [M]. Nelson Education, 2015.

[136] 施放, 朱吉铭. 创新网络、组织学习对创新绩效的影响研究——基于浙江省高新技术企业 [J]. 华东经济管理, 2015, 29 (10): 21 – 26.

[137] 王丽平, 何亚蓉等. 互补性资源、交互能力与合作创新绩效 [J]. 科学学研究, 2016, 34 (1): 132 – 141.

[138] 池仁勇. 区域中小企业创新网络的结点联结及其效率评价研究 [J]. 管理世界, 2007 (1): 105 – 112.

[139] Frenz M, Ietto – Gillies G. The impact on innovation performance of different sources of knowledge: evidence from the UK Community Innovation Survey [J]. *Research Policy*, 2009, 38 (7): 1125 – 1135.

[140] Lee S, Park G, Yoon B, et al. Open innovation in SMEs—An intermediated network model [J]. *Research Policy*, 2010, 39 (2): 290 – 300.

[141] Bathelt H, Kogler D F, Munro A K. Social foundations of regional innovation and the role of university spin-offs: the case of Canada's technology triangle [J].

Industry and Innovation，2011，18（5）：461 – 486.

［142］Wang T Y，Chien S C. Forecasting innovation performance via neural networks——a case of Taiwanese manufacturing industry［J］. *Technovation*，2006，26（5）：635 – 643.

［143］Chen K，Guan J. Measuring the efficiency of China's regional innovation systems：application of network data envelopment analysis（DEA）［J］. *Regional Studies*，2012，46（3）：355 – 377.

［144］曹贤忠，曾刚，邹琳. 长三角城市群 R&D 资源投入产出效率分析及空间分异［J］. 经济地理，2015（1）：104 – 111.

［145］Egbetokun A A. The more the merrier？Network portfolio size and innovation performance in Nigerian firms［J］. *Technovation*，2015，43：17 – 28.

［146］曹贤忠，曾刚，司月芳. 网络资本、知识流动与区域经济增长：一个文献述评［J］. 经济问题探索，2016（6）：175 – 184.

［147］Cowan R，Jonard N，Özman M. Knowledge dynamics in a network industry［J］. *Technological Forecasting and Social Change*，2004，71（5）：469 – 484.

［148］Geenhuizen M V. Knowledge networks of young innovators in the urban economy：biotechnology as a case study［J］. *Entrepreneurship and Regional Development*，2008，20（2）：161 – 183.

［149］汪涛，任瑞芳，曾刚. 知识网络结构特征及其对知识流动的影响［J］. 科学学与科学技术管理，2010，31（5）：150 – 155.

［150］Hur S. Mechanism of integration of chinese academic knowledge network into global research system during the transition period［J］. *Scientia Geographica Sinica*，2011，31（9）：1043 – 1049.

［151］Seufert A，Von Krogh G，Bach A. Towards knowledge networking［J］. *Journal of Knowledge Management*，1999，3（3）：180 – 190.

［152］Stefan Krätke. Regional knowledge networks：a network analysis approach to the interlinking of knowledge resources［J］. *European Urban and Regional Studies*，2010，17（1）：83 – 97.

［153］李贞，张体勤. 企业知识网络能力的理论架构和提升路径［J］. 中国工业经济，2010（10）：107 – 116.

［154］王海花，谢富纪. 企业外部知识网络能力的结构测量——基于结构洞理论的研究［J］. 中国工业经济，2012（7）：134 – 146.

［155］Sharma S，Singla L. Telecom equipment industry：challenges and prospects［J］. *Economic and Political Weekly*，2009：16 – 18.

［156］Turner S. Networks of learning within the English wine industry［J］. *Journal of Economic Geography*，2009，10（5）：685 – 715.

［157］潘峰华，王缉慈. 全球化背景下中国手机制造产业的空间格局及其影响因素［J］. 经济地理，2010，30（4）：608 – 613.

［158］马铭波，王缉慈. 知识深度视角下文化产品制造业的相似问题及根源探究——基于国内钢琴制造业的例证［J］. 中国软科学，2012（3）：100 – 106.

［159］Wal T，Anne L J. The dynamics of the inventor network in German biotechnology：geographic proximity versus triadic closure［J］. *Journal of Economic Geography*，2014，14（3）：589 – 620.

［160］赵建吉，曾刚. 基于技术守门员的产业集群技术流动研究——以张江集成电路产业为例［J］. 经济地理，2013（2）：111 – 116.

［161］王灏. 光电子产业区域创新网络构建与演化机理研究［J］. 科研管理，2013，34（1）：37 – 45.

［162］王秋玉，曾刚，吕国庆. 中国装备制造业产学研合作创新网络初探［J］. 地理学报，2016，71（2）：251.

［163］Liefner I，Zeng G. China's mechanical engineering industry［J］. China as an Innovation Nation，2016：98.

［164］张秀萍，卢小君，黄晓颖. 基于三螺旋理论的区域协同创新网络结构分析［J］. 中国科技论坛，2016（11）：82 – 88.

［165］吴慧，顾晓敏. 产学研合作创新绩效的社会网络分析［J］. 科学学研究，2017，35（10）：1578 – 1586.

［166］Bontis N，Keow W C C，Richardson S. Intellectual capital and business performance in Malaysian industries［J］. *Journal of Intellectual Capital*，2013，1（1）：85 – 100.

［167］Dženopoljac V，Janošević S，Bontis N. Intellectual capital and financial performance in the Serbian ICT industry［J］. *Journal of Intellectual Capital*，2016，17（2）：373 – 396.

［168］Razafindrambinina D，Anggreni T. Intellectual capital and corporate financial performance of selected listed companies in Indonesia［J］. *Malaysian Journal of Economic Studies*，2017，48（1）：61 – 77.

［169］Sofian S，Tayles M，Pike R. The implications of intellectual capital on performance measurement and corporate performance ［J］. *Jurnal Kemanusiaan*，2017，4（2）.

［170］Singh R D，Narwal K P. Intellectual capital and its consequences on company performance：a study of Indian sectors ［J］. *International Journal of Learning and Intellectual Capital*，2015，12（3）：300－322.

［171］Bontis N，Janošević S，Dženopoljac V. Intellectual capital in Serbia's hotel industry ［J］. *International Journal of Contemporary Hospitality Management*，2015，27（6）：1365－1384.

［172］Ozkan N，Cakan S，Kayacan M. Intellectual capital and financial performance：a study of the Turkish Banking Sector ［J］. *Borsa Istanbul Review*，2016.

［173］陈傲，柳卸林. 突破性技术从何而来？——一个文献评述 ［J］. 科学学研究，2011，29（9）：1281－1290.

［174］Leifer R. *Radical innovation：How mature companies can outsmart upstarts* ［M］. Harvard Business Press，2000.

［175］Semadeni M，Anderson B S. The follower's dilemma：innovation and imitation in the professional services industry ［J］. *Academy of Management Journal*，2010，53（5）：1175－1193.

［176］Linton J D. De-babelizing the language of innovation ［J］. *Technovation*，2009，29（11）：729－737.

［177］Baba Y，Walsh J P. Embeddedness，social epistemology and breakthrough innovation：the case of the development of statins ［J］. *Research Policy*，2010，39（4）：511－522.

［178］Arts S，Veugelers R. The technological origins and novelty of breakthrough inventions ［J］. *SSRN Electronic Journal*，2013.

［179］Castaldi C，Frenken K，Los B. Related variety，unrelated variety and technological breakthroughs：an analysis of US state-level patenting ［J］. *Regional Studies*，2015，49（5）：767－781.

［180］吴晓波，朱培忠，吴东等. 后发者如何实现快速追赶？——一个二次商业模式创新和技术创新的共演模型 ［J］. 科学学研究，2013，31（11）：1726－1735.

［181］陈劲，黄淑芳. 企业技术创新体系演化研究 ［J］. 管理工程学报，

2014 (4)：219 –227.

[182] Capaldo A. Network structure and innovation：The leveraging of a dual network as a distinctive relational capability [J]. *Strategic Management Journal*，2007，28 (6)：585 –608.

[183] Ali A. Pioneering versus incremental innovation：review and research propositions [J]. *Journal of Product Innovation Management*，1994，11 (1)：46 –61.

[184] Paradkar A, Knight J, Hansen P. Innovation in start-ups：ideas filling the void or ideas devoid of resources and capabilities? [J]. *Technovation*，2015，41：1 –10.

[185] Parida V, Patel P C, Wincent J, et al. Network partner diversity, network capability, and sales growth in small firms [J]. *Journal of Business Research*，2016，69 (6)：2113 –2117.

[186] Kumar V, Sundarraj R P. Schumpeterian innovation patterns and firm-performance of global technology companies [J]. *European Journal of Innovation Management*，2016，19 (2)：276 –296.

[187] 耿剑锋，杜龙政，王宇. 适应破坏性创新的企业组织结构研究 [J]. 商场现代化，2008，10 (552)：79 –80.

[188] 王宏起，田莉，武建龙. 战略性新兴产业突破性技术创新路径研究 [J]. 工业技术经济，2014，2：87 –94.

[189] 尹惠斌，游达明，刘海运. 环境动态性对探索性学习与突破性创新绩效关系的调节效应研究 [J]. 华东经济管理，2014，28 (8)：107 –112.

[190] Forés B, Camisón C. Does incremental and radical innovation performance depend on different types of knowledge accumulation capabilities and organizational size? [J]. *Journal of Business Research*，2016，69 (2)：831 –848.

[191] 葛宝山，生帆，李军. 跨界创业的知识共享模型及运行机制研究 [J]. 图书情报工作，2016，60 (14)：24 –31.

[192] 潘松挺，郑亚莉. 网络关系强度与企业技术创新绩效——基于探索式学习和利用式学习的实证研究 [J]. 科学学研究，2011，29 (11)：1736 –1743.

[193] Zeng S X, Xie X M, Tam C M. Relationship between cooperation networks and innovation performance of SMEs [J]. *Technovation*，2010，30 (3)：181 –194.

[194] Verona G. A resource-based view of product development [J]. *Academy of Management Review*，1999，24 (1)：132 –142.

[195] Nonaka I, Byosiere P, Borucki C C, et al. Organizational knowledge cre-

ation theory: a first comprehensive test [J]. *International Business Review*, 1994, 3 (4): 337 – 351.

[196] Miller D J, Fern M J, Cardinal L B. The use of knowledge for technological innovation within diversified firms [J]. *Academy of Management Journal*, 2007, 50 (2): 307 – 325.

[197] Granovetter M. Economic action and social structure: The problem of embeddedness [J]. *American Journal of Sociology*, 1985, 91 (3): 481 – 510.

[198] Uzzi B. The sources and consequences of embeddedness for the economic performance of organizations: The network effect [J]. *American Sociological Review*, 1996: 674 – 698.

[199] 刘海运，游达明. 基于知识管理的企业突破性技术创新能力机制研究 [J]. 科技进步与对策，2011, 28 (12): 92 – 95.

[200] Ritala P, Olander H, Michailova S, et al. Knowledge sharing, knowledge leaking and relative innovation performance: An empirical study [J]. *Technovation*, 2015 (35): 22 – 31.

[201] Yayavaram S, Chen W R. Changes in firm knowledge couplings and firm innovation performance: the moderating role of technological complexity [J]. *Strategic Management Journal*, 2015, 36 (3): 377 – 396.

[202] 罗洪云，张庆普. 知识管理视角下新创科技型小企业突破性技术创新能力评价指标体系构建及测度 [J]. 运筹与管理，2016, 25 (1).

[203] 张慧颖，吕爽. 智力资本、创新类型及产品创新绩效关系研究 [J]. 科学学与科学技术管理，2014, 35 (2): 162 – 168.

[204] Inkinen H. Review of empirical research on intellectual capital and firm performance [J]. *Journal of Intellectual Capital*, 2015, 16 (3): 518 – 565.

[205] Sidhu J S, Commandeur H R, Volberda H W. The multifaceted nature of exploration and exploitation: value of supply, demand, and spatial search for innovation [J]. *Organization Science*, 2007, 18 (1): 20 – 38.

[206] Leiponen A, Helfat C E. Innovation objectives, knowledge sources, and the benefits of breadth [J]. *Strategic Management Journal*, 2010, 31 (2): 224 – 236.

[207] 徐建中，徐莹莹. 企业协同能力、网络位置与技术创新绩效——基于环渤海地区制造业企业的实证分析 [J]. 管理评论，2015 (1): 114 – 125.

[208] 谢洪明，张颖，程聪等. 网络嵌入对技术创新绩效的影响：学习能力

的视角 [J]. 科研管理, 2014, 35 (12): 1 - 8.

[209] 曾德明, 周涛. 企业知识基础结构与技术创新绩效关系研究——知识元素间关系维度新视角 [J]. 科学学与科学技术管理, 2015 (10): 80 - 88.

[210] 邵云飞, 庞博. 网络嵌入与突破性技术创新: 结构洞与关系强度的协同影响机制研究 [J]. 科技进步与对策, 2017, 34 (10): 15 - 18.

[211] 张方华. 网络嵌入影响企业创新绩效的概念模型与实证分析 [J]. 中国工业经济, 2010 (4): 110 - 119.

[212] Gebreeyesus M, Mohnen P. Innovation performance and embeddedness in networks: evidence from the Ethiopian footwear cluster [J]. *World Development*, 2013 (41): 302 - 316.

[213] 于明洁, 郭鹏, 张果. 区域创新网络结构对区域创新效率的影响研究 [J]. 科学学与科学技术管理, 2013, 34 (8): 56 - 63.

[214] 魏江, 张妍, 龚丽敏. 基于战略导向的企业产品创新绩效研究——研发网络的视角 [J]. 科学学研究, 2014, 32 (10): 1593 - 1600.

[215] 窦红宾, 王正斌. 网络结构, 吸收能力与企业创新绩效——基于西安通讯装备制造产业集群的实证研究 [J]. 中国科技论坛, 2010 (5): 25 - 30.

[216] Baum J A C, Cowan R, Jonard N. Does evidence of network effects on firm performance in pooled cross-section support prescriptions for network strategy? [J]. *Strategic Management Journal*, 2014, 35 (5): 652 - 667.

[217] Tan J, Zhang H, Wang L. Network closure or structural hole? The conditioning effects of network-level social capital on innovation performance [J]. *Entrepreneurship Theory and Practice*, 2015, 39 (5): 1189 - 1212.

[218] 王聪, 周立群, 朱先奇等. 基于人才聚集效应的区域协同创新网络研究 [J]. 科研管理, 2017, 38 (11): 27 - 37.

[219] Shu B. Linking business models with technological innovation performance through organizational learning [J]. *European Management Journal*, 2014, 32 (4): 587 - 595.

[220] Carnabuci G, Diószegi B. Social networks, cognitive style, and innovative performance: a contingency perspective [J]. *Academy of Management Journal*, 2015, 58 (3): 881 - 905.

[221] 张辉华, 黄婷婷. 情绪智力对绩效的影响机制——以团队信任感知和朋友网络中心为连续中介 [J]. 南开管理评论, 2015, 18 (3): 141 - 150.

［222］Singh H，Kryscynski D，Li X，et al. Pipes，pools，and filters：how collaboration networks affect innovative performance ［J］. *Strategic Management Journal*，2016，37（8）：1649 – 1666.

［223］高太山，柳卸林. 企业国际研发联盟是否有助于突破性创新？［J］.科研管理，2016，37（1）：48 – 57.

［224］Qi Dong J，McCarthy K J，Schoenmakers W W M E. How central is too central？ Organizing interorganizational collaboration networks for breakthrough innovation ［J］. *Journal of Product Innovation Management*，2017.

［225］徐露允，曾德明，李健. 知识网络中心势，知识多元化对企业二元式创新绩效的影响 ［J］. 管理学报，2017（2）：221 – 228.

［226］Zach F J，Hill T L. Network，knowledge and relationship impacts on innovation in tourism destinations ［J］. *Tourism Management*，2017，62：196 – 207.

［227］朱贻文，曾刚，曹贤忠等. 不同空间视角下创新网络与知识流动研究进展 ［J］. 世界地理研究，2017，4：012.

［228］Partanen J，Chetty S K，Rajala A. Innovation types and network relationships ［J］. *Entrepreneurship Theory and Practice*，2014，38（5）：1027 – 1055.

［229］曾德明，孙佳，何文鹏等. 基于元分析的网络强度与企业创新关系研究 ［J］. 管理学报，2015，12（1）：103 – 109.

［230］Meng L I，Cao B I. Adaptability Simulation of Enterprise Innovation Network Based on Extended NK – model ［J］. *DEStech Transactions on Social Science，Education and Human Science*，2017（emse）.

［231］戴海闻，曾德明，张运生. 标准联盟组合嵌入性社会资本对企业创新绩效的影响研究 ［J］. 研究与发展管理，2017，29（2）：93 – 101.

［232］原毅军，田宇，孙佳. 产学研技术联盟稳定性的系统动力学建模与仿真 ［J］. 科学学与科学技术管理，2013，34（4）：3 – 9.

［233］于淼. 网络关系与创新绩效：动态能力的中介作用 ［J］. 东北财经大学学报，2014（3）：19 – 25.

［234］刘雪锋，徐芳宁，揭上锋. 网络嵌入性与知识获取及企业创新能力关系研究 ［J］. 经济管理，2015（3）：150 – 159.

［235］林昭文，张同建，张利深. 互惠性，心理契约重构与企业绩效相关性研究——基于江苏，浙江中小民营企业的检验 ［J］. 科研管理，2013，34（6）：91 – 98.

[236] Yeşil S, Büyükbeşe T, Koska A. Exploring the link between knowledge sharing enablers, innovation capability and innovation performance [J]. *International Journal of Innovation Management*, 2013, 17 (4): 1 - 20.

[237] 郑继兴, 刘静. 社会网络对小微企业创新成果采纳的影响: 知识吸收能力的中介效应 [J]. 科技进步与对策, 2015, 32 (19): 79 - 83.

[238] 秦剑. 组织学习、技术合作与跨国公司在华突破性创新 [J]. 管理学报, 2011, 8 (11): 1655 - 1662.

[239] 马北玲, 游达明, 胡小清. 智力资本对企业突破性技术创新绩效的影响研究 [J]. 科技进步与对策, 2012, 29 (11): 79 - 83.

[240] Delgado - Verde M, Martin-de Castro G, Amores - Salvado J. Intellectual capital and radical innovation: Exploring the quadratic effects in technology-based manufacturing firms [J]. *Technovation*, 2016, 54: 35 - 47.

[241] 孙善林, 彭灿. 动态环境下智力资本与企业绩效的关系研究——基于双元创新的视角 [J]. 科技管理研究, 2017, 37 (8): 1 - 8.

[242] 钱晓烨, 迟巍, 黎波. 人力资本对我国区域创新及经济增长的影响——基于空间计量的实证研究 [J]. 数量经济技术经济研究, 2010 (4): 107 - 121.

[243] 朱承亮, 师萍, 岳宏志等. 人力资本、人力资本结构与区域经济增长效率 [J]. 中国软科学, 2011 (2): 110 - 119.

[244] 赵爽, 肖洪钧. 人力资本与企业创新绩效的关系研究——基于网络视角 [J]. 现代管理科学, 2015 (2): 97 - 99.

[245] D'AMORE R, Iorio R, Lubrano Lavadera G. *Exploring the relationship between human capital and innovation at the firm level: a study on a sample of european firms* [R]. CELPE - Centre of Labour Economics and Economic Policy, University of Salerno, Italy, 2017.

[246] Filieri R, Alguezaui S. Structural social capital and innovation. Is knowledge transfer the missing link? [J]. *Journal of Knowledge Management*, 2014, 18 (4): 728 - 757.

[247] 付向梅, 曹霞. 产学研联盟结构资本对创新绩效的影响研究 [J]. 预测, 2015 (2): 22 - 27.

[248] Khan Y K, Kamaruddin L M, Buyung S Z. The Effects of structural capital on organisational innovation in australian SMEs [J]. *Advanced Science Letters*,

2017，23（9）：8462 – 8465.

［249］刘国巍. 创新网络结构资本、空间溢出及滞后效应——基于广西电子信息产业的 ESDA 分析［J］. 技术经济与管理研究，2017（2）：8 – 13.

［250］陈爽英，井润田，龙小宁等. 民营企业家社会关系资本对研发投资决策影响的实证研究［J］. 管理世界，2010（1）：88 – 97.

［251］刘衡，李垣，李西垚. 关系资本、组织间沟通和创新绩效的关系研究［J］. 科学学研究，2010（12）：1912 – 1919.

［252］Agostini L，Agostini L，Nosella A，et al. Does intellectual capital allow improving innovation performance? A quantitative analysis in the SME context ［J］. *Journal of Intellectual Capital*，2017，18（2）：400 – 418.

［253］杨晓艳，顿妍妍. 关系资本、供应链整合与创新绩效关系［J］. 企业经济，2017，36（7）：87 – 92.

［254］洪茹燕. 集群企业创新网络、创新搜索及创新绩效关系研究［D］. 杭州：浙江大学，2012.

［255］张宝建，胡海青，张道宏. 企业创新网络的生成与进化——基于社会网络理论的视角［J］. 中国工业经济，2011（4）：117 – 126.

［256］曾攀. 企业创新网络特征与突破性技术创新绩效关系研究［D］. 长沙：中南大学，2011.

［257］Lin C，Wu YJ，Chang CC，et al. The alliance：innovation performance of R&D alliances—the absorptive capacity perspective ［J］. *Technovation*，2012，32（5）：282 – 292.

［258］李占强. 中国制造业突破性技术创新机制案例研究［D］. 天津：南开大学，2014.

［259］范钧，郭立强，聂津君. 网络能力、组织隐性知识获取与突破性创新绩效［J］. 科研管理，2014，35（1）：16 – 24.

［260］陈晓聪. 网络嵌入性，知识吸收能力和创新绩效之间的关系研究［D］. 广州：华南理工大学，2012.

［261］Zukin S，Dimaggio P. *Structures of capital：the social organization of economy*［M］. Cambridge，MA：Cambridge University Press，1990.

［262］Anderson U，Forsgren M，Holm U. Subsidiary embeddedness and competence development in MNCs-a multi-level analysis ［J］. *Organization Studies*，2001，22（6）：1013 – 1034.

[263] 任胜钢，吴娟，王龙伟. 网络嵌入与企业创新绩效研究——网络能力的调节效应检验 [J]. 研究与发展管理，2011，23（3）：16 – 24.

[264] Pullen A J J, Weerd – Nederhof P C, Groen A J, et al. Open innovation in practice: goal complementarity and closed NPD networks to explain differences in innovation performance for SMEs in the medical devices sector [J]. Journal of product innovation management, 2012, 29（6）: 917 – 934.

[265] 谢洪明，赵丽，程聪. 网络密度，学习能力与技术创新的关系研究 [J]. 科学学与科学技术管理，2011，32（10）：57 – 63.

[266] 曾德明，文金艳，禹献云. 技术创新网络结构与创新类型配适对企业创新绩效的影响 [J]. 软科学，2012，26（5）：1 – 4.

[267] Zhao Y, Wang B, Zheng X. Impact of geographic proximity, regional location and network structural characteristics on firm's innovation performance in alliance innovation network-based on the empirical analysis of Chinese communication equipment industry [J]. *R&D Management*, 2015（27）: 124 – 131.

[268] 赵炎，郑向杰. 网络嵌入性与地域根植性对联盟企业创新绩效的影响——对中国高科技上市公司的实证分析 [J]. 科研管理，2013，34（11）：9 – 17.

[269] 赵炎，王冰，郑向杰. 联盟创新网络中企业的地理邻近性、区域位置与网络结构特征对创新绩效的影响——基于中国通讯设备行业的实证分析 [J]. 研究与发展管理，2015，27（1）：124 – 131.

[270] 赵炎，王琦，郑向杰. 网络邻近性、地理邻近性对知识转移绩效的影响 [J]. 科研管理，2016，37（1）：128 – 136.

[271] 张惠琴，尚甜甜，邵云飞. 嵌入式关系对创新网络中知识内化及竞争模式选择的影响 [J]. 管理学报，2016，13（4）：605 – 612.

[272] 何郁冰，张迎春. 网络类型与产学研协同创新模式的耦合研究 [J]. 科学学与科学技术管理，2015（2）：62 – 69.

[273] 潘松挺，蔡宁. 企业创新网络中关系强度的测量研究 [J]. 中国软科学，2010（5）：108 – 115.

[274] Phelps C C. A longitudinal study of the influence of alliance network structure and composition on firm exploratory innovation [J]. *Academy of Management Journal*, 2010, 53（4）: 890 – 913.

[275] 耿合江. 知识获取视角下互惠性与自利性企业文化对创新绩效的影响

研究 [J]. 科技进步与对策, 2014, 31 (13): 135 – 140.

[276] Subramaniam M, Youndt M A. The influence of intellectual capital on the types of innovative capabilities [J]. *Academy of Management Journal*, 2005, 48 (3): 450 – 463.

[277] Duncan R B. Characteristics of organizational environments and perceived environmental uncertainty [J]. *Administrative Science Quarterly*, 1972: 313 – 327.

[278] Lumpkin G T, Dess G G. Linking two dimensions of entrepreneurial orientation to firm performance: the moderating role of environment and industry life cycle [J]. *Journal of Business Venturing*, 2001, 16 (5): 429 – 451.

[279] Turner T, Pennington W W. Organizational networks and the process of corporate entrepreneurship: how the motivation, opportunity, and ability to act affect firm knowledge, learning, and innovation [J]. *Small Business Economics*, 2015, 45 (2): 447 – 463.

[280] Murovec N, Prodan I. Absorptive capacity, its determinants, and influence on innovation output: cross-cultural validation of the structural model [J]. *Technovation*, 2009, 29 (12): 859 – 872.

[281] 陶锋. 国际知识溢出、吸收能力与创新绩效——中国代工制造业升级的研究 [M]. 北京: 经济科学出版社, 2011.

[282] 陶永明. 企业技术创新投入对技术创新绩效影响机理研究——基于吸收能力视角 [M]. 北京: 经济科学出版社, 2013.

[283] 康青松. 跨国公司知识转移、网络与绩效的关系研究: 基于吸收能力和进入方式的交互模型 [J]. 国际贸易问题, 2015 (4): 46 – 55.

[284] Lichtenthaler U, Lichtenthaler E. A capability-based framework for open innovation: complementing absorptive capacity [J]. *Journal of Management Studies*, 2009, 46 (8): 1315 – 1338.

[285] 王雷, 王圣君. 外部社会资本, 吸收能力与新产品绩效的关系——基于中国长三角地区企业样本的实证分析 [J]. 技术经济, 2015, 34 (12): 15 – 23.